Sekundarstufe

Dirk Witt

Stationenlernen Absolutismus

„Der Staat bin ich ...“

AF524761

Individuelles Lernen

Differenzierend

Motivierend

1 2 3

- Übersichtliche Aufgabenkarten
- Schnelle Vorbereitung
- Mit Lösungen zur Selbstkontrolle

www.kohlverlag.de

Stationenlernen Absolutismus

Sekundarstufe

4. Auflage 2023

© Kohl-Verlag, Kerpen 2017
Alle Rechte vorbehalten.

Inhalt: Dirk Witt
Coverbild: © Pecold - fotolia.com
Redaktion: Kohl-Verlag
Grafik & Satz: Kohl-Verlag
Druck: farbo prepress GmbH, Köln

Bestell-Nr. 12 098

ISBN: 978-3-96040-269-5

Bildquellen:

Seite 09+10 © ToucanWings - wikipedia.de; Seite 11 © wikipedia.de; Seite 13 © wikipedia.de, © thingamajiggs - stock.adobe.com; Seite 13 © wikipedia.de; Seite 15+16 © thingamajiggs - stock.adobe.com; Seite 19 © Syryatsu - wikipedia.de; Seite 21+22 © ulistx - AdobeStock.com; Seite 23+24 © Wikipedia.de; Seite 25 © ToucanWings - wikipedia.de; Seite 26 © Andreas Faessler - wikipedia.de, © Rainer Lippert - wikipedia.de; Seite 29+30 © Clipart.com; Seite 33+34 © Louis le Grand - Wikipedia.de; Seite 39+40 © wikipedia.de; Seite 41+42 © wikipedia.de; Seite 45+46 © wikipedia.de; Seite 47+48 © wikipedia.de, © Dirgela - wikipedia.de; Seite 49+50 © wikipedia.de; Seite 51+52 © wikipedia.de; Seite 53+54 © Florian K - wikipedia.de, © Wikiolo - wikipedia.de, © Richard Bartz - wikipedia.de, © Florstein - wikipedia.de; Seite 55+56 © wikipedia.de; Seite 57+58 © wikipedia.de; Seite 61+62 © Clipart.com; Seite 63+64 © kartoxjm - stock.adobe.com

Das vorliegende Werk und seine Teile sind urheberrechtlich geschützt. Jede Nutzung in anderen als den gesetzlich zugelassenen Fällen bedarf der vorherigen schriftlichen Einwilligung des Verlages. Hinweis zu § 52a UrhG: Weder das Werk noch seine Teile dürfen ohne eine solche Einwilligung eingescannt und in ein Netzwerk oder das Internet eingestellt werden. Dies gilt auch für Intranets von Schulen und sonstigen Bildungseinrichtungen.

Der vorliegende Band ist eine Print-Einzellizenz

Sie wollen unsere Kopiervorlagen auch digital nutzen? Kein Problem – fast das gesamte KOHL-Sortiment ist auch sofort als PDF-Download erhältlich! Wir haben verschiedene Lizenzmodelle zur Auswahl:

	Print-Version	PDF-Einzellizenz	PDF-Schullizenz	Kombipaket Print & PDF-Einzellizenz	Kombipaket Print & PDF-Schullizenz
Unbefristete Nutzung der Materialien	x	x	x	x	x
Vervielfältigung, Weitergabe und Einsatz der Materialien im eigenen Unterricht	x	x	x	x	x
Nutzung der Materialien durch alle Lehrkräfte des Kollegiums an der lizensierten Schule			x		x
Einstellen des Materials im Intranet oder Schulserver der Institution			x		x

Die erweiterten Lizenzmodelle zu diesem Titel sind jederzeit im Online-Shop unter www.kohlverlag.de erhältlich.

Inhalt

KOHL VERLAG STATIONENLERNEN ABSOLUTISMUS "Der Staat bin ich ..." / Sekundarstufe – Bestell-Nr. 12 098

Übersicht

Übersicht

KOHL VERLAG STATIONENLERNEN ABSOLUTISMUS "Der Staat bin ich ..." / Sekundarstufe – Bestell-Nr. 12 098

Einsatz der Materialien

Sehr geehrte Kolleginnen und Kollegen,

dieses Werk zum Stationenlernen Absolutismus soll Ihnen ein wenig Ihre alltägliche Arbeit erleichtern. Dabei war es uns besonders wichtig, Stationen zu gestalten, die möglichst schüler- und handlungsorientiert sind und mehrere Lerneingangskanäle ansprechen. Denn nur so kann das Wissen langfristig gespeichert und auch wieder abgerufen werden. Die Reihenfolge der Stationen orientiert sich am geschichtlichen Ablauf. Auch innerhalb der Stationen wurde diese Reihenfolge eingehalten. So können sich die Schüler eine zeitliche Abfolge der Ereignisse und Entwicklungen verdeutlichen und sie in ihrem individuellen Arbeits- und Lerntempo bearbeiten. Durch den individuell ausfüllbaren Laufzettel wird bei dieser sehr differenzierten Arbeitsform stets der Überblick gewahrt. Die Materialien eignen sich auch hervorragend für die Selbstlernzeit oder als Ausgangspunkt für Gruppendiskussionen.

Der Band ist in sieben Bereiche aufgeteilt:

- Absolute Herrschaft
- Französischer Absolutismus
- Wirtschaft
- Deutscher Absolutismus
- Absolutismus in anderen europäischen Staaten
- Kultur
- Absolutismus – was bleibt?

Stationen:

Die Stationskarten enthalten bewusst keine Nummerierung, um einen flexiblen Einsatz zu gewährleisten. So kann jeder selbst entscheiden, welche Stationen er bearbeiten möchte. Dies können beispielsweise lediglich Stationen aus einem Bereich sein, ebenso gut können jedoch Stationskarten aus allen Bereichen vermischt werden. Nach Belieben können Sie die Stationen auch nummerieren, um den Schülern die Zuordnung zu erleichtern. Die Stationen können in Einzel-, Partner- oder Kleingruppenarbeit erarbeitet werden, je nach Vorliebe der Lehrperson bzw. der Klasse.

Einsatz der Materialien

Differenzierung der Aufgaben:

Innerhalb der Bereiche gibt es drei Schwierigkeitsstufen zur Differenzierung.

⊙ = grundlegendes Niveau

! = mittleres Niveau

✶ = erweitertes Niveau

- Die Aufgaben zum *grundlegenden Niveau* sollten von allen Schülern bearbeitet werden.
- Aufgaben mit *mittlerem Niveau* bieten Erweiterungen und höhere Anforderungen als das grundlegende Niveau.
- Die Aufgaben des *erweiterten Niveaus* sind sogenannte Expertenaufgaben und enthalten vertiefende oder weiterführende Inhalte.

Hier handelt es sich ausnahmslos um Vorschläge. Je nach Leistungsstand können Sie jedoch problemlos Stationen anders kennzeichnen.

Lösungen:

Wer die Aufgaben der Schüler korrigiert, hängt zum einen von der Lerngruppe und zum anderen von den Vorlieben des unterrichtenden Lehrers ab. So kann dieser die Verbesserung der Schüleraufgaben selbst übernehmen oder diese Aufgabe in die Verantwortung der Schüler übergeben. In diesem Fall haben Sie die Möglichkeit, die Karten einfach auszuschneiden und zu laminieren. Die passende Lösung befindet sich dann direkt auf der Rückseite der Aufgabe. Das fördert die einfache Selbstkontrolle. Alternativ können Sie die Seiten jedoch auch kopieren und die Lösungen, für die Schüler erkenntlich markiert, an einem anderen Ort positionieren.

Nach dieser kurzen Einführung wünschen Ihnen viel Spaß beim Einsatz der Materialien
Ihr Kohl-Redaktionsteam und

Dirk Witt

Symbole:  Grundlegendes Niveau ! Mittleres Niveau  Erweitertes Niveau

Name: ______________________________ Datum: _____________

Stationen-Laufzettel

⊙ Grundlegendes Niveau

Station	Stationsname	erledigt	korrigiert

! Mittleres Niveau

Station	Stationsname	erledigt	korrigiert

✶ Erweitertes Niveau

Station	Stationsname	erledigt	korrigiert

KOHL VERLAG STATIONENLERNEN ABSOLUTISMUS "Der Staat bin ich ..." / Sekundarstufe – Bestell-Nr. 12 098

Absolute Herrschaft

Absolutismus – Definition

Absolutismus bezeichnet eine politische Herrschaftsform, in der der Monarch alle drei Gewalten (Exekutive, Legislative, Judikative) in seiner Person vereinigt und losgelöst von allen Gesetzen die absolute und uneingeschränkte Macht ausübt. Dabei steht ein König – z.B. Ludwig XIV. – oder ein Fürst an der Spitze eines Staates und konzentriert die gesamte Macht in seinen Händen. Diese Vorstellung von Herrschaft setzte sich im 17. und 18. Jahrhundert in vielen europäischen Staaten durch. Nach den Vor-stellungen der Zeitgenossen wird der Herrscher von Gott auserwählt. Absolute Herrschaft bedeutet somit uneingeschränkte Macht über alle Bereiche des Staates, der Politik und der Wirtschaft. Gleichzeitig wurde der Absolutismus auch in der Architektur und Kunst sichtbar. Absolutismus als Regierungsform ist noch heute in einigen Ländern der Welt zu finden.

Aufgabe 1: *Historiker bezeichnen eine Zeitepoche als Absolutismus. Erkläre und grenze zeitlich ein.*

Aufgabe 2: *Nenne den berühmtesten Repräsentanten der Zeitepoche.*

Aufgabe 3: *Zähle auf, worüber ein absoluter Monarch herrschen kann.*

KOHL VERLAG
STATIONENLERNEN ABSOLUTISMUS "Der Staat bin ich ..." / Sekundarstufe – Bestell-Nr. 12 098

Absolute Herrschaft

Höfischer und aufgeklärter Absolutismus

Historiker unterscheiden zwischen dem höfischen und dem aufgeklärten Absolutismus.

Beim sogenannten höfischen Absolutismus lebt der König in einem prunkvollen Schloss und ist bestrebt, mächtige Adlige des Landes an dieses zu ziehen und sie unter seine Kontrolle zu bringen. Dem König wird eine absolute Herrschaft über seinen Staat durch Gottes Gnade zugesprochen. Er bestimmt die Religion seiner Untertanen. Ludwig XIV. ist ein typischer Repräsentant des höfischen Absolutismus.

Der aufgeklärte Absolutismus ist eine Herrschaftsform, die im Grunde zwar absolutistisch ausgerichtet, die aber durch aufklärerische Gedanken beeinflusst ist. Als Aufklärung bezeichnet man den Zeitabschnitt zwischen dem 17. und 18. Jahrhundert, der durch neue Ideen geprägt war. Die menschliche Vernunft wurde in den Vordergrund gerückt. Die Vertreter setzten sich für mehr religiöse Toleranz, persönliche Freiheitsrechte, Bildung sowie das Gemeinwohl als Staatspflicht ein. Ein aufgeklärter Monarch versteht sich als erster Diener des Staates. Für den aufgeklärten Absolutismus steht Friedrich II. von Preußen stellvertretend.

Aufgabe: *Welches Verständnis von Herrschaft passt zu welchem König? Ordne zu.*

- Gewährung von Religionsfreiheit
- Lockerung der bäuerlichen Leibeigenschaft
- Unterdrückung der Protestanten
- hohe Ausgaben für den königlichen Hof
- Einschränkungen bei der Anwendung der Todesstrafe
- Verantwortung nur gegenüber Gott
- Abschaffung der Folter
- Förderung des Schulwesens

STATIONENLERNEN ABSOLUTISMUS "Der Staat bin ich ..." / Sekundarstufe – Bestell-Nr. 12 098

Absolutismus – Definition

Absolute Herrschaft

Lösungen

Aufgabe 1: Unter Absolutismus verstehen Historiker eine Zeitepoche im 17. und 18. Jahrhundert. Sie ist dadurch gekennzeichnet, dass ein König oder ein Fürst absolut in seinem Land regiert. Die damalige Vorstellung bestand darin, dass er von Gott erwählt wurde und ohne jegliche Einschränkung regieren kann. Alle Menschen sind ihm untertan.

Aufgabe 2: Ludwig der XIV. von Frankreich ist der Repräsentant dieser Zeitepoche. Er ging als Sonnenkönig in die Geschichte ein.

Aufgabe 3: Ein absoluter Monarch herrscht über den gesamten Staat, die Politik sowie die Wirtschaft.

STATIONENLERNEN ABSOLUTISMUS "Der Staat bin ich ..." / Sekundarstufe – Bestell-Nr. 12 098
KOHL VERLAG

Höfischer und aufgeklärter Absolutismus

Absolute Herrschaft

Lösungen

Aufgabe:

Ludwig XIV.	Friedrich II.
• Unterdrückung der Protestanten • hohe Ausgaben für den königlichen Hof • Verantwortung nur gegenüber Gott	• Gewährung von Religionsfreiheit • Lockerung der bäuerlichen Leibeigenschaft • Einschränkungen bei der Anwendung der Todesstrafe • Abschaffung der Folter • Förderung des Schulwesens

STATIONENLERNEN ABSOLUTISMUS "Der Staat bin ich ..." / Sekundarstufe – Bestell-Nr. 12 098
KOHL VERLAG

Ständegesellschaft I

Seit dem Mittelalter gliederte sich die Gesellschaft in Ständen. Diese besaßen unterschiedliche Rechte und Pflichten und unterstanden verschiedenen Normen. Dabei unterscheidet die Geschichtswissenschaft:

Der Klerus

Zum 1. Stand zählte man alle kirchlichen Würdenträger, wobei man zwischen hohem und niederem Klerus unterscheidet. In Frankreich zählten ca. 130.000 Menschen dazu. Das entspricht 0,5% der Bevölkerung.

Der Adel

Der Adel des 2. Standes war der politisch führende Stand. Sie besetzten wichtige Ämter in der Regierung, Verwaltung und beim Militär. In diesem Stand besaß die Gruppe des Hofadels, die direkt beim Herrscher lebten, die größte Macht und den weitesten Einfluss. In Frankreich zählten ca. 350.000 Menschen dazu. Das entspricht 1,5% der Bevölkerung.

Die restliche Bevölkerung

Der 3. Stand ist in sich sehr unterschiedlich. So gibt es reiche Kaufleute, gebildete Bürger, Arbeiter und verarmte Bauern und Bettler. Das gemeinsame Kennzeichen aller liegt aber in ihrer Rechtlosigkeit und ihrem geringen Einfluss auf politische Entscheidungen. Der 3. Stand war der einzige Stand, der Steuern zahlen musste. In Frankreich zählten 24,5 Millionen Menschen zu diesem Stand. Es ist nahezu unmöglich für die Menschen gewesen, ihren Stand zu verlassen, um in der Hierarchie aufzusteigen.

An der Spitze dieser Gesellschaftsordnung stand der absolute Herrscher. Die ersten beiden Stände genossen dabei sehr viele Privilegien. Sie mussten keine Steuern zahlen und hatten eigene Gerichte. Beide Stände konnten vom 3. Stand Steuern und Abgaben einfordern. Deshalb lebten die meisten Menschen des 3. Standes in großer Armut. Trotzdem galt diese Grundordnung als eine von Gott errichtete Ordnung und wurde nicht in Frage gestellt.

Aufgabe 1: *Stelle die Ständegesellschaft in einem Schaubild dar.*

Aufgabe 2: *Erkläre, warum sich die Menschen des 3. Standes nicht gegen die Ungerechtigkeiten wehrten.*

KOHL VERLAG STATIONENLERNEN ABSOLUTISMUS "Der Staat bin ich ..." / Sekundarstufe – Bestell-Nr. 12 098

Ständegesellschaft I

Lösungen

Aufgabe 1: Mögliche Lösung:

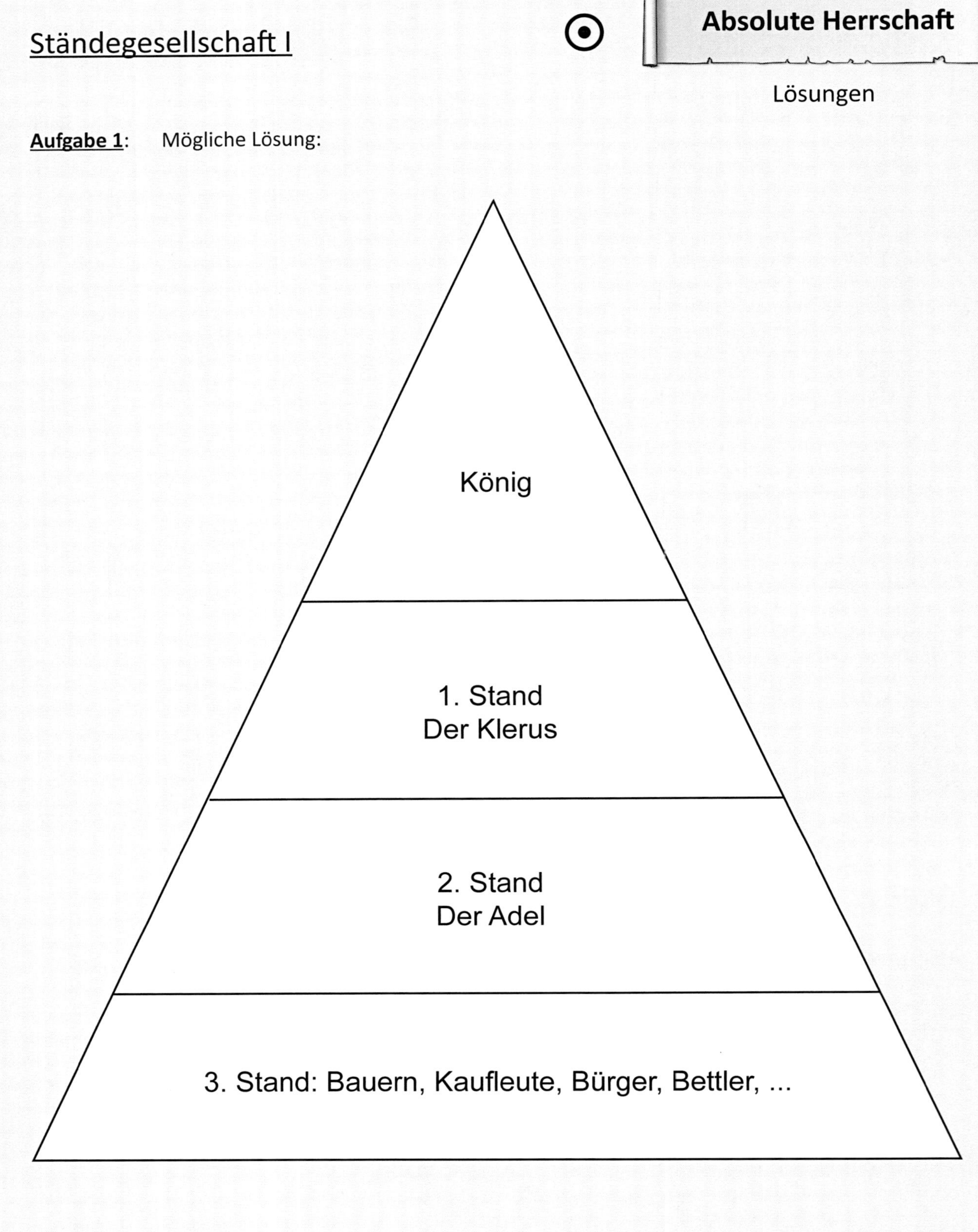

Aufgabe 2: Die Menschen der damaligen Zeit sahen diese Gesellschaftsordnung als Gottes Wille an. Durch den hohen Stellenwert der Religion wurde diese nicht in Frage gestellt. Eine Ablehnung bzw. ein Aufbegehren gegen die ersten beiden Stände wurde als Sünde aufgefasst.

KOHL VERLAG STATIONENLERNEN ABSOLUTISMUS "Der Staat bin ich ..." / Sekundarstufe – Bestell-Nr. 12 098

Ständegesellschaft II

Absolute Herrschaft

Aufgabe: *Wie stellte sich Johannes Lichtenberger (wie viele andere Menschen zu dieser Zeit auch) die gesellschaftliche Ordnung vor? Erkläre mit Hilfe des Bildes.*

Tipp: Achte auf folgende Aspekte:

- Welche Bevölkerungsgruppen sind dargestellt? (erkennbar an den Gegenständen in ihren Händen)
- Welche Aufgabe haben sie?
- Wie sind die Personen innerhalb des Bildes platziert?

KOHL VERLAG STATIONENLERNEN ABSOLUTISMUS "Der Staat bin ich ..." / Sekundarstufe – Bestell-Nr. 12 098

Eine Herrschaftsform ohne Gewaltenteilung

!

Absolute Herrschaft

Der Absolutismus ist eine Herrschaftsform, in der der Monarch alle drei Gewalten (Exekutive, Legislative, Judikative) in seiner Person vereinigt und losgelöst von allen Gesetzen regiert und somit die absolute und uneingeschränkte Macht ausübt.

Mit dem Begriff „Gewaltenteilung“ ist gemeint, dass die Staatsgewalt auf mehreren Staatsorganen verteilt ist. Der Zweck davon ist, dass die staatliche Macht begrenzt wird, indem sich diese einzelnen Organe gegenseitig kontrollieren. Damit soll die Freiheit und die Gleichheit der Bürger gesichert werden.

Aufgabe 1: *Erkläre in eigenen Worten den Begriff „Gewaltenteilung“.*

Aufgabe 2: *Ordne die folgenden Beispiele jeweils einer Gewalt zu:*

- *Polizist*
- *Richter*
- *Abgeordneter*

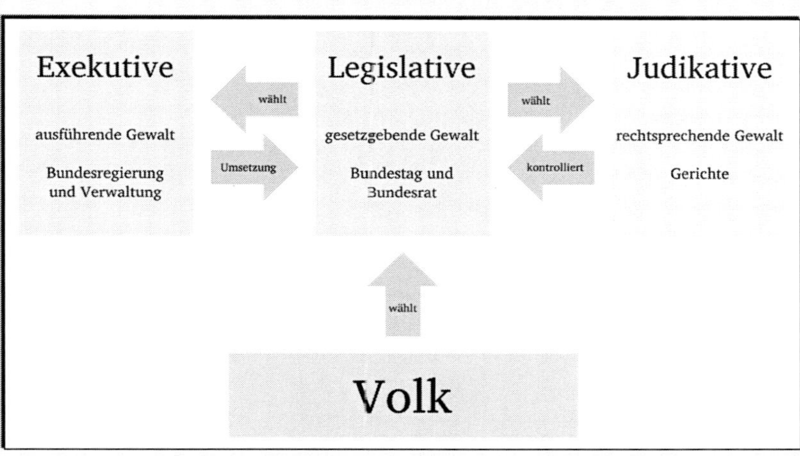

Aufteilung der Staatsgewalt im heutigen Deutschland

KOHL VERLAG STATIONENLERNEN ABSOLUTISMUS "Der Staat bin ich ..." / Sekundarstufe – Bestell-Nr. 12 098

Ständegesellschaft II

Absolute Herrschaft

Lösungen

Aufgabe: Ganz oben ist Jesus Christus zu sehen. Er hält die Hände hoch und weist den einzelnen Gruppen ihre Aufgaben zu. Links auf dem Bild sind die Geistlichen, der sogenannte Klerus, abgebildet. Vorne steht der Papst, der an dem Kreuz und der Tiara (Papstkrone) zu erkennen ist. Dieser 1. Stand erhält die Aufgabe, zu beten (*Tu supplex ora*). Rechts auf dem Bild ist der zweite Stand, der Adel, zu sehen. Dazu gehören die Fürsten sowie der Kaiser mit seiner Krone. Ihre Aufgabe ist es, zu beschützen (*Tu protege*). Ganz unten ist der 3. Stand zu sehen, die Bauern in Arbeitskleidung, mit Kopfbedeckung und mit Hacken. Ihre Aufgabe ist es, zu arbeiten (*Tuque labora*). Durch ihre Platzierung ganz unten und unter den anderen beiden Ständen wird das Ungleichgewicht deutlich. Jesus Christus steht ganz oben, wodurch die Auffassung ausgedrückt wird, dass diese Ordnung von Gott gewollt ist.

STATIONENLERNEN ABSOLUTISMUS "Der Staat bin ich ..." / Sekundarstufe – Bestell-Nr. 12 098
KOHL VERLAG

Eine Herrschaftsform ohne Gewaltenteilung

!

Absolute Herrschaft

Lösungen

Aufgabe 1: Mit „Gewaltenteilung" ist gemeint, dass in einem Staat die Macht nicht bei einer einzelnen Person oder einer kleinen Gruppe von Personen liegt, sondern aufgeteilt ist auf verschiedene Staatsorgane. Ziel ist es, dass die Regierung nicht tun und lassen kann, was sie möchte. Ohne Gewaltenteilung könnte ein Herrscher beispielsweise jedes beliebige Gesetz (z.B. Verbot der Meinungsfreiheit) durchsetzen, ohne dass jemand Einspruch erheben kann. In Deutschland würde in diesem Fall das Bundesverfassungsgericht Einspruch erheben, da sich ein Verbot der Meinungsfreiheit gegen unser Grundgesetz verstoßen würde. Herrscht keine Gewaltenteilung, spricht man auch von einer Diktatur.

Aufgabe 2:

- Polizist (Exekutive)
- Richter (Judikative)
- Abgeordneter (Legislative)

STATIONENLERNEN ABSOLUTISMUS "Der Staat bin ich ..." / Sekundarstufe – Bestell-Nr. 12 098
KOHL VERLAG

Machtsäule Staat am Beispiel Frankreichs

!

Absolute Herrschaft

Ein absoluter Herrscher benötigt für seine Machtausübung und deren Erhaltung Unterstützung. Eine wichtige Säule der Macht ist das Staatswesen.

Mit dem Aufbau eines Stehenden Heeres (Armee, die ständig einsatzbereit ist) kann er sowohl im eigenen Land für seine Sicherheit sorgen als auch gegenüber dem Ausland seine Ansprüche durchsetzen. Der König war stets Oberster Befehlshaber.

Des Weiteren wurden für die Verwaltung des Staates Beamte (meist Bürgerliche) auf Lebenszeit geschaffen. Diese waren anders als der Adel dem König verpflichtet und genossen deshalb besondere Privilegien. Die Beamten sorgten für eine effektive Um- und Durchsetzung der königlichen Gesetze und Erlasse. Gleichzeitig sicherten sie das Steueraufkommen. Steuereintreiber erhielten oftmals ihr Gehalt in Abhängigkeit zur Höhe des Steueraufkommens. Dieses Geld war für den Lebensstil des absoluten Herrschers von hoher Bedeutung.

Im Gerichtswesen (Justiz) sicherte der König seine Macht, indem er sowohl Gesetzgeber als auch Oberster Richter war. Ein absoluter Herrscher war zugleich Regierungschef (Exekutive) mit allen Vollmachten, Gesetzgeber (Legislative) und oberster Richter (Judikative). Es gab keinerlei Gewaltenteilung, wie es für die Demokratie kennzeichnend ist.

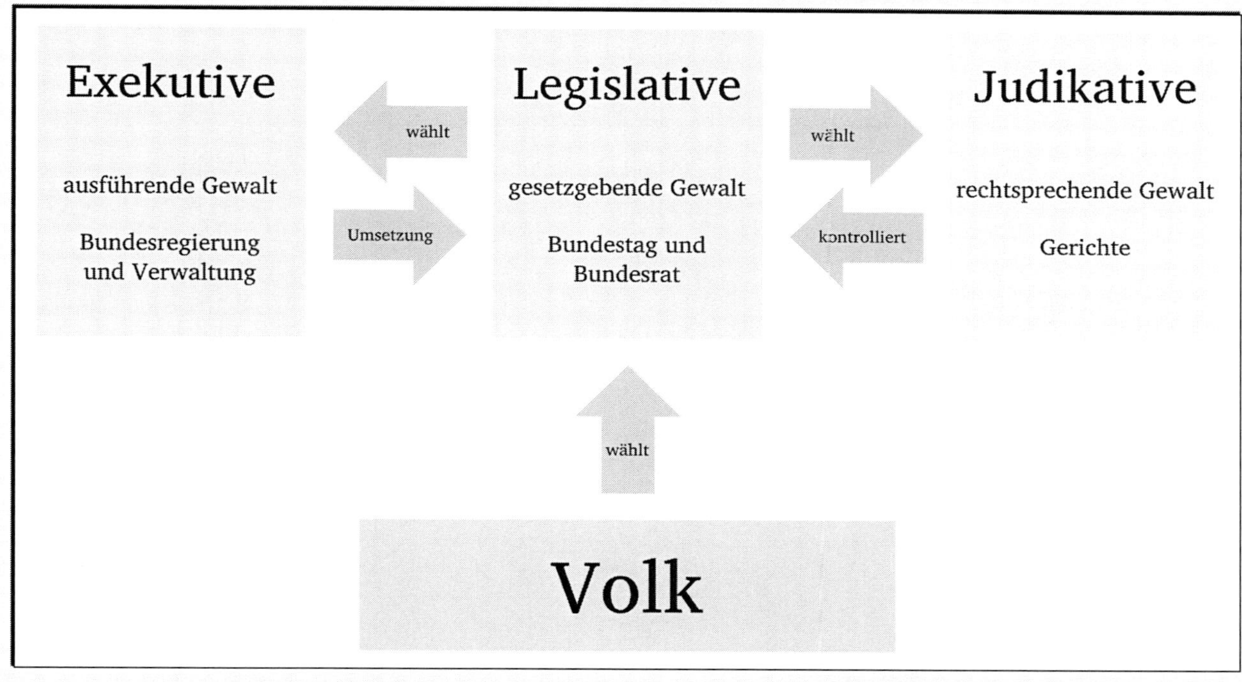

Gewaltenteilung in einem demokratischen Staat

Aufgabe 1: *Nenne die Vorteile eines Stehenden Heeres und beschreibe, inwiefern es zur Machtausübung notwendig war.*

Aufgabe 2: *Beschreibe die besondere Bedeutung von Beamten im absolutistischen Staatswesen und gehe dabei insbesondere auf die Wichtigkeit der Steuern ein.*

Aufgabe 3: *Absolute Herrscher vereinigen alle drei Gewalten in einer Person. Erkläre, welche Probleme sich daraus ergeben und wie heutige demokratische Staaten diese lösen.*

STATIONENLERNEN ABSOLUTISMUS – Bestell-Nr. 12 098
"Der Staat bin ich ..." / Sekundarstufe

Machtsäule Staat am Beispiel Frankreichs

!

Absolute Herrschaft

Lösungen

Aufgabe 1: Ein Stehendes Heer ist jederzeit einsatzbereit. Es kann somit schnellstmöglich eingesetzt werden. Dieser „Zeitvorteil" ist von besonderer Bedeutung und verhilft dem König zu einem entscheidenden Vorteil. Gleichzeitig ist das stets präsente Heer Ausdruck von Macht. Da der König Oberster Befehlshaber war, konnte er das Heer nach seinen Interessen einsetzen und seine Macht sichern bzw. ausbauen.

Aufgabe 2: Beamte sicherten durch die Verwaltungsarbeit den Staatsaufbau des absoluten Herrschers. Da es in der Regel Bürgerliche waren, beschränkte der König die Macht des Adels weiter. Beamte dienten dem König auf Lebenszeit und erhielten dafür Privilegien. Die Erhebung der Steuern wurde durch sie effektiver erfüllt als durch den Adel, der sich in früheren Zeiten daran bereicherte. Das Geld war für den luxuriösen Lebensstil des Königs und auch für das Stehende Heer notwendig.

Aufgabe 2: Da es keine Gewaltenteilung gibt, kann es auch keine Kontrolle bzw. Korrektur von getroffenen Entscheidungen geben. Willkür kann herrschen. In einer Demokratie sind die drei Gewalten klar voneinander getrennt und besitzen ausgewiesene Rechte und Kontrollfunktionen gegenüber den anderen Gewalten.

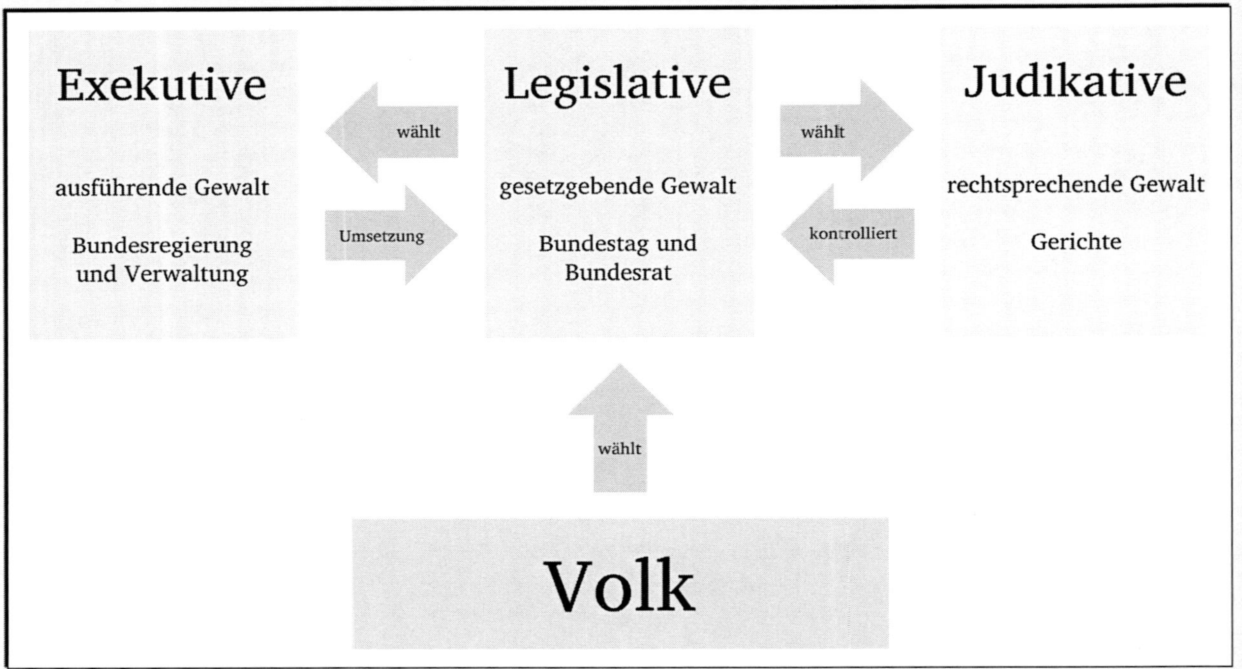

KOHL VERLAG STATIONENLERNEN ABSOLUTISMUS "Der Staat bin ich ..." / Sekundarstufe – Bestell-Nr. 12 098

Machtsäule Wirtschaft am Beispiel Frankreichs

!

Sowohl das luxuriöse höfische Leben als auch die Bezahlung der Beamten und Soldaten waren sehr kostspielig. Steuern wurden aber nur durch den 3. Stand bezahlt. Daher war die Wirtschaftspolitik bestrebt, möglichst viel Geld einzunehmen und wenig Geld auszugeben.

Der französische Finanzminister Colbert entwickelte deshalb eine neue Wirtschaftsform – den Merkantilismus. „Der Staat muss versuchen, möglichst viel Geld ins Land zu ziehen und möglichst wenig Geld herauszulassen", so seine Theorie. In der Praxis wurden deshalb notwendige Rohstoffe billig aus den Kolonien eingeführt. Dazu wurden große Handelsschiffe gebaut. Im eigenen Land wurden aus den Rohstoffen dann in subventionierten Manufakturen Fertigprodukte produziert. Manufakturen waren neuartige Produktionsstätten. In diesen wurde arbeitsteilig gearbeitet. Bauten beispielsweise bisher fünf Arbeiter eine Kutsche vollständig zusammen, wurde in der Manufaktur jeder Arbeitsschritt stets vom gleichen Arbeiter ausgeführt. Dadurch stieg die Produktivität enorm an. Die Fertigprodukte wurden dann in das Ausland exportiert und verkauft. Somit stiegen die finanziellen Einnahmen des Staates und man schuf Arbeitsplätze für die einheimische Bevölkerung. Zusätzlich führte Colbert „Zollmauern" ein. Das bedeutete, dass Waren aus dem Ausland mit einem Strafzoll belegt wurden. Dadurch stieg ihr Verkaufspreis an und war gegenüber den einheimischen Waren teurer. In der Wirtschaftswissenschaft nennt man diese Politik „Protektionismus" – es ist das Gegenteil vom „Freihandel". Colbert ließ zahlreiche Wasser- und Landstraßen erbauen, um die wirtschaftliche Entwicklung des Landes weiter zu fördern.

Aufgabe 1: *Welche Idee steckt hinter dem Begriff „Merkantilismus"? Beschrifte die Grafik, indem du die Begriffe aus dem Kasten auf die entsprechenden Linien schreibst.*

- **Export**
- **Rohstoffe**
- **Produktion von Fertigprodukten**
- **Import**
- **Fertigprodukte**

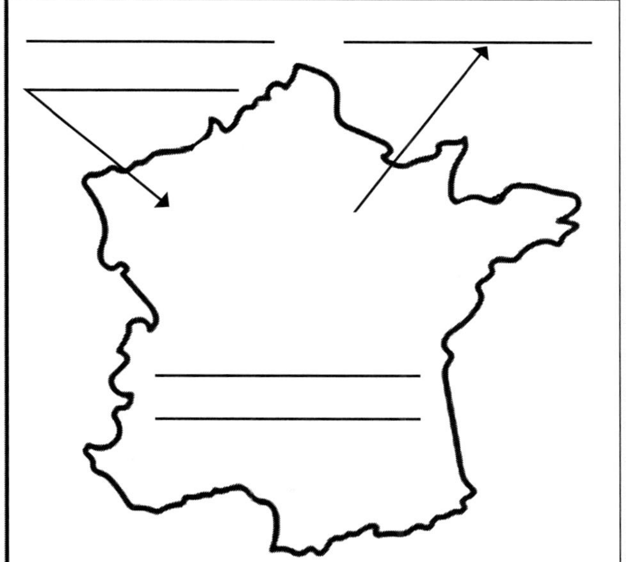

Aufgabe 2: *Erkläre die Zielstellung des Merkantilismus. Nutze dabei die Begriffe **Einnahmen, Ausgaben** und **Protektionismus**.*

Aufgabe 3: *Erkläre, wie in Manufakturen die Produktion gesteigert wurde.*

STATIONENLERNEN ABSOLUTISMUS "Der Staat bin ich ..." / Sekundarstufe – Bestell-Nr. 12 098
KOHL VERLAG

Machtsäule Wirtschaft am Beispiel Frankreichs

!

Lösungen

Aufgabe 1:

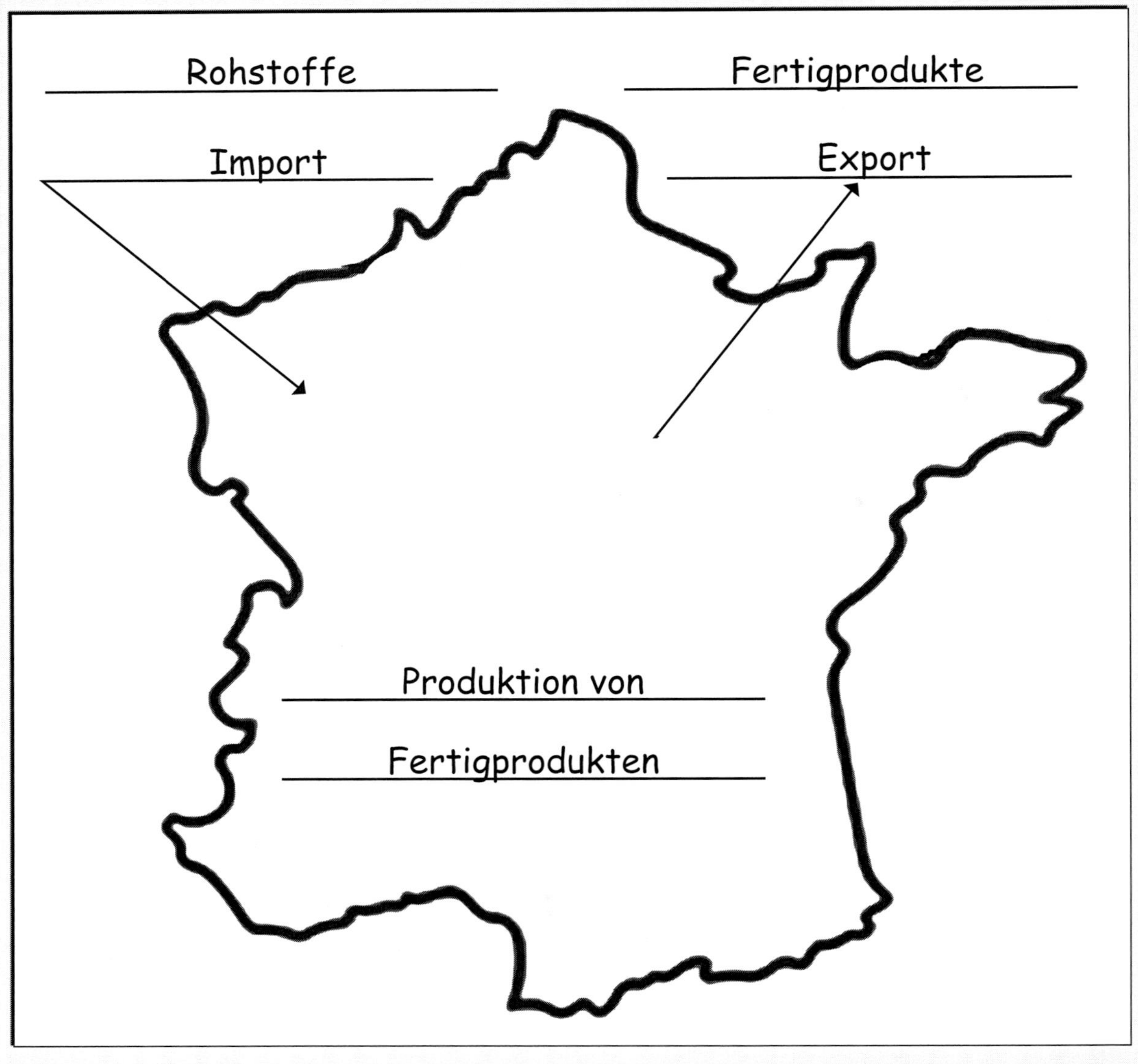

Aufgabe 2: Mit der Wirtschaftspolitik des Merkantilismus wollte der Staat seine finanziellen **Einnahmen** erhöhen. Dazu wurden billige Rohstoffe aus den Kolonien eingeführt und in subventionierten Manufakturen kostengünstig und effektiv in Fertigprodukte umgewandelt. Diese wurden dann ins Ausland exportiert und verkauft. Dadurch stiegen die Einnahmen. Um die **Ausgaben** zu reduzieren, verteuerte man durch Strafzölle ausländische Waren. Diese Form der Wirtschaftspolitik wird auch **Protektionismus** genannt.

Aufgabe 3: Durch die Arbeitsteilung spezialisierten sich die Arbeitskräfte auf einen festgelegten Arbeitsschritt. Somit konnten in einer kürzeren Zeit mehr Teile erstellt werden. Dies bewirkte eine erhebliche Produktionssteigerung und geringere Arbeitskosten für den Unternehmer. Dieser konnte deshalb seine Ware günstiger anbieten und mehr verkaufen.

KOHL VERLAG STATIONENLERNEN ABSOLUTISMUS "Der Staat bin ich ..." / Sekundarstufe – Bestell-Nr. 12 098

Machtsäule Kirche am Beispiel Frankreichs

!

Absolute Herrscher nutzten die Macht und den Einfluss der Kirche zur eigenen Machtabsicherung sowie deren Ausbau. Der französische König Ludwig XIV. verbot in seinem Land den Glauben der Protestanten – in Frankreich „Hugenotten“ genannt. Er handelte nach seiner eigenen Maxime: „Ein Gott, ein Glaube, ein Gesetz, ein König!“ In seiner Regierungszeit fand eine „Zwangskatholisierung“ statt, denn sein Ziel bestand in der Errichtung einer Glaubenseinheit im Staat. Deshalb wurden die Hugenotten genötigt, dem Katholizismus beizutreten oder auszuwandern, denn sie lehnten jegliche absolutistische Herrschaftsform strikt ab.

Das Edikt von Fontainebleau 1685 hob die allgemeine Religionsfreiheit in Frankreich auf. Das Ergebnis war die Schaffung einer Staatskirche, die dem König die Treue schwor und ihm ihre volle Unterstützung zukommen ließ. Ludwig XIV. durfte sowohl die Bischofswahl bestimmen als auch das kirchliche Vermögen beaufsichtigen. Des Weiteren wurde nun im gesamten Land gepredigt, dass der König von Gott eingesetzt und auserwählt wurde. Durch diese Politik waren die königlichen Anordnungen, Gesetze und Steuererhebungen von Kritik und Verweigerung verschont. Am Ende dieses Prozesses übte der französische König die Rolle des Papstes in seinem Land aus.

Hugenottenkreuz

Aufgabe 1: *Löse das Rätsel. Das Lösungswort ist eine berühmte Bezeichnung für Ludwig XIV.*

a) Wie werden die ursprünglich aus Frankreich stammenden Protestanten bezeichnet?
b) Welche Konfession war für Ludwig XIV. die einzig Wahre?
c) Nach welchem Schloss wurde das Edikt aus dem Jahr 1685 benannt?
d) Was wurde mit diesem Edikt aufgehoben?
e) Ludwig der XIV. machte die katholische Kirche zur ...?
f) Schließlich nahm Ludwig der XIV. die Rolle des ... ein.

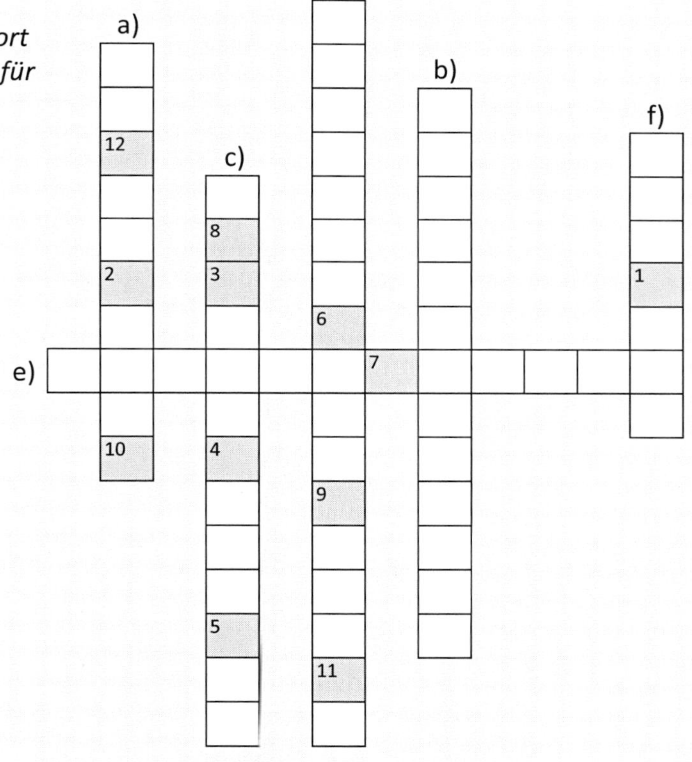

Lösung:

1	2	3	4	5	6	7	8	9	10	11	12

Aufgabe 2: *Begründe, warum ein absoluter Herrscher stets bestrebt war, eine einzige Religion in seinem Land zuzulassen.*

Aufgabe 3: *Erkläre den Begriff „Staatskirche“.*

Aufgabe 4: *Begründe, inwiefern das Recht der Bischofswahl sowie die Verwaltung des kirchlichen Vermögens einen enormen Machtzuwachs für den König darstellten.*

STATIONENLERNEN ABSOLUTISMUS "Der Staat bin ich ..." / Sekundarstufe – Bestell-Nr. 12 098
KOHL VERLAG

Machtsäule Kirche am Beispiel Frankreichs

!

Absolute Herrschaft

Lösungen

Aufgabe 1:

a) HUGENOTTEN

b) KATHOLIZISMUS

c) FONTAINEBLEAU

d) RELIGIONSFREIHEIT

e) STAATSKIRCHE

f) PAPSTES

S	O	N	N	E	N	K	O	E	N	I	G

Aufgabe 2: Für einen absoluten Herrscher ist es von Vorteil, wenn nur eine Religion in seinem Land „zugelassen“ ist. Dies ermöglicht ihm, seine gesamte Politik darauf auszurichten, Einfluss auf diese zu gewinnen, diese auszubauen und letztendlich zu festigen. Ist dies geschehen, wirkt die kirchliche Macht auf die königliche Macht und verstärkt diese.

Aufgabe 3: Als Staatskirche wird eine Religionsgemeinschaft verstanden, die nach dem Gesetz alleinige Religion ist. In einem absoluten Herrschaftssystem dient sie dem Machtausbau bzw. dem Machterhalt. Die Verbindung von Kirche und Staat ist ein gegenseitiges Zweckbündnis.

Aufgabe 4: Durch das Recht der Bischofswahl konnte der König Männer in wichtige kirchliche Ämter bringen, die ihm vollständig ergeben waren und seine Interessen und Ziele mitverfolgten. Durch die Verwaltung des kirchlichen Vermögens besaß der König erhebliche Mitspracherechte und auch Druckmittel gegenüber der Kirche.

Sonnenkönig
„Der Staat bin ich!“

Aufgabe 1: *Fülle die Lücken im Text mit Hilfe der folgenden Begriffe.*

Paläste – Sonnenkönig – Versailles – Macht – Musik – Absolutismus – Touristen – Staat – Wirtschaftspolitik

Ludwig XIV. ging als der ____________________ in die Geschichte ein. Er beeinflusste seine Zeit wie kaum ein anderer Herrscher in Europa und steht als Sinnbild für die Herrschaftsform des ____________________. Er regierte frei von Zwängen und Einschränkungen absolut und äußerte über sich „Der Staat bin ich!“

Er baute sich prunkvolle ______________, um seine Macht und seinen Reichtum zu demonstrieren. Ein architektonisches Meisterwerk ist sein Schloss ____________________ bei Paris. Hier inszenierte der Sonnenkönig seine Macht und intensivierte das höfische Leben. Heute ist es Anziehungspunkt für Millionen von __________________ .

Ihm gelang es in seiner langen Regierungszeit (über 60 Jahre), seine ___________ so auszubauen und abzusichern, dass er uneingeschränkt herrschte. Dazu reformierte er den ___________, die Verwaltung sowie die Justiz, schuf eine Staatskirche sowie ein Stehendes Heer und ließ die ________________________________ so ausrichten, dass sie Frankreich bevorzugte. Historiker sprechen von den Machtsäulen des Königs, um seine absolute Herrschaft abzusichern.

Ludwig der XIV. wurde Vorbild für zahleiche europäische Herrscher. Sie bauten Schlösser nach dem Vorbild von Versailles, man sprach in den europäischen Herrschaftshäusern selbstverständlich französisch. Französische _____________ und Literatur waren beliebte Freizeitbeschäftigungen der Fürsten.

Aufgabe 2: *Erkläre den Ausdruck „Der Staat bin ich!“*

Aufgabe 3: *Stelle dar, wie Ludwig XIV. als Vorbild für die anderen europäischen Herrscher diente. Schreibe deine Überlegungen auf.*

KOHL VERLAG
STATIONENLERNEN ABSOLUTISMUS
"Der Staat bin ich ..." / Sekundarstufe – Bestell-Nr. 12 098

Sonnenkönig
„Der Staat bin ich!"

Lösungen

Aufgabe 1: Sonnenkönig, Absolutismus, Paläste, Versailles, Touristen, Macht, Staat, Wirtschaftspolitik , Musik

Aufgabe 2: Das Zitat „Der Staat bin ich!" weist darauf hin, dass Ludwig XIV. sich mit dem Staat gleichsetzt. Er ist dessen absoluter Herrscher und kann ohne Zwänge und Einschränkungen durch die Stände regieren.

Aufgabe 3: Die anderen europäischen Herrscher imitierten das Leben des Sonnenkönigs. Dies wurde sowohl in der Architektur als auch in der Musik und Literatur sichtbar. Gleichzeitig setzte sich französisch als Sprache an den europäischen Herrscherhäusern durch.

Biographie die Sonnenkönigs

Mit fünf Jahren übernahm Ludwig die Thronfolge, weil sein Vater verstarb. Seine Mutter und der Premierminister Mazarin lehrten dem klugen Kind die Kunst der Staatsführung, das Recht, Geschichte, Militärstrategie, Sprachen sowie die Kunst. Des Weiteren strebten beide nach dem Ausbau und der Zentralisierung der königlichen Macht. 1654 – mit 15 Jahren – übernahm Ludwig XIV. vollständig die Macht. Mazarin unterstützte die Regierungsgeschäfte des jungen Königs weiterhin. Nach dessen Tod zielte Ludwig darauf ab, die absolute Macht im Staate zu erreichen. Dazu entfaltete er ein luxuriöses Hofleben, das um seine Person kreiste. Der „Sonnenkönig" führte tiefgreifende Reformen in der Verwaltung, Wirtschaft, dem Militär und den Wissenschaften durch. Zudem baute er seinen Einfluss auf die Staatskirche aus, indem er den Einfluss des Papstes begrenzte.

Jules Mazarin

Die Kunst und die Wissenschaft wurden durch das Königshaus gefördert und fanden an den europäischen Herrscherhäusern große Beachtung und steigerten das königliche Ansehen. Zusammen mit seinem Minister Colbert strukturierte er das Finanz- und Wirtschaftswesen so um, dass das Steueraufkommen anstieg und die inländischen Manufakturen als Wirtschaftszentrum aufblühten. Beim Tode des Königs 1715 war Frankreich das reichste und ein sehr mächtiges Land in Europa.

Aufgabe 1: *Historiker sagen, dass die Kindheit optimale Bedingungen für die königliche Entwicklung boten. Erkläre!*

Aufgabe 2: *Nenne die Maßnahmen des Königs, die zur absoluten Herrschaft führten. Zähle auf.*

STATIONENLERNEN ABSOLUTISMUS "Der Staat bin ich ..." / Sekundarstufe – Bestell-Nr. 12 098

Französischer Absolutismus

Selbstdarstellung von Ludwig XIV.

Aufgabe: *Betrachte das bekannte Gemälde Ludwigs XIV. (ca. 2m x 3m), das Hyacinthe Rigaud 1701 im Auftrag des Königs anfertigte. Erkläre, wie das Bild den absolutistischen Machtanspruch des Königs ausdrücken soll.*

Herrscherbilder waren in früheren Zeiten ein Mittel, um die Position und die Bedeutung einer herrschenden Person in einer bestimmten Art und Weise zu zeigen. Die Art der Darstellung war nie zufällig, sondern genau durchdacht. Ausgestattet waren die dargestellten Herrscher oftmals mit den typischen Herrschaftsinsignien (Herrschaftszeichen).

STATIONENLERNEN ABSOLUTISMUS "Der Staat bin ich ..." / Sekundarstufe – Bestell-Nr. 12 098

Biographie die Sonnenkönigs

Französischer Absolutismus

Lösungen

Aufgabe 1: Ludwig wurde durch seine Mutter sowie Mazarin optimal gefördert und bereits sehr früh in das Regieren eingewiesen. Gleichzeitig gab es keinerlei Konkurrenzsituation im Kampf um die Thronfolge. Im Gegenteil: Die Förderer Ludwigs waren ebenso bestrebt die Macht des Königs auszubauen und weiter zu zentralisieren.

Aufgabe 2: Luxuriöses Hofleben, Reformen in der Verwaltung, Wirtschaft, dem Militär und den Wissenschaften, Ausbau der Staatskirche, Begrenzung des päpstlichen Einflusses auf Frankreich, Förderung der Kunst, Ausbau des Manufakturwesens, Reformen im Finanzwesen mit dem Ergebnis eines sehr hohen Steueraufkommens.

KOHL VERLAG STATIONENLERNEN ABSOLUTISMUS "Der Staat bin ich ..." / Sekundarstufe – Bestell-Nr. 12 098

Selbstdarstellung von Ludwig XIV.

Französischer Absolutismus

Lösungen

Aufgabe: Ludwig XIV. ließ sich mit den typischen Herrschaftsinsignien darstellen: In seiner Rechten hält er ein Zepter, auf das er sich stützt. Es weist ihn als obersten Kriegsherren aus. Unter dem Mantel leuchtet das mit Edelsteinen besetzte Schwert hervor. Es war ein wichtiges Symbol für Macht. Der Mantel ist bewusst hochgeschlagen, damit er zur Geltung kommt. Neben ihm steht ein Hocker, auf dem die Krone platziert ist. Auch der Thron im Hintergrund steht als Symbol für die königliche Macht. Im Hintergrund ist eine imposante Säule aus Marmor zu sehen. Sie steht für die Stabilität und die Stärke und somit für den König als tragende Stütze des Staates. Ludwig selbst steht auf einem Podest und trägt Schuhe mit Absatz. Dadurch wirkt er vergrößert. Seine Körperhaltung soll Eleganz und Selbstbewusstsein vermitteln. Die seidenen und mit Gold bestickten Stoffe sowie der kostbare Pelz sind Symbol für den königlichen Reichtum.

KOHL VERLAG STATIONENLERNEN ABSOLUTISMUS "Der Staat bin ich ..." / Sekundarstufe – Bestell-Nr. 12 098

Versailles

Ludwig XIV. verwandelte sein ehemaliges Jagdschloss Versailles in der Nähe von Paris in ein gigantisches Märchenschloss. Es ist zum Symbol des Absolutismus und zum Inbegriff einer ganzen europäischen Epoche – der des Barock – geworden.

Schloss Versailles, 2013

Ludwigs Plan: Versailles soll das Symbol seiner Macht sein und gleichzeitig das Zentrum Europas werden! 1660, kurz nach seiner Heirat, zog er gänzlich in das Schloss und regierte von hier aus. 1682 zog der gesamte Hofstaat aus Paris nach. In 27 Jahren Bauzeit arbeiteten ungefähr 36.000 Arbeiter und 6000 Pferde am Schloss. 2000 Räume wurden gebaut und eingerichtet. Künstler verzierten die Räume mit prunkvollen Spiegeln, Wandteppichen, Tapeten und Kronleuchtern. Umgerechnet 100 Millionen Euro kostete der Bau – so viel wie die französische Krone damals pro Jahr einnahm. Ebenso beeindruckend waren die das Schloss umgebenden Parkanlagen. Jedes Jahr wurden dort über 150.000 Pflanzen nach einem detaillierten Plan neu gesetzt. 1400 Springbrunnen und die angelegten Seen benötigten jeden Tag fünf Millionen Liter Wasser. In Versailles wurde jedes Detail genauestens geplant. In dem Bauwerk spiegelt sich das damalige absolutistische Hierarchiegefüge wider: In dem beherrschenden Mitteltrakt lebte der König, die Seitenflügel standen dem Adel zur Verfügung. Im Zentrum des gesamten Schlosses und seiner Parkanlagen lag das Schlafzimmer des Königs.

Versailles wurde von vielen europäischen Herrschern als Vorbild für ihre Herrenhäuser genutzt.

Aufgabe 1: *Richtig oder falsch? Kreuze an und korrigiere anschließend die falschen Aussagen.*

	Richtig	Falsch
a) Das Schloss Versailles war ursprünglich ein Jagdschloss.		
b) Ludwig XIV. lebte im Zeitalter der Renaissance.		
c) Versailles liegt in der Nähe von Marseille.		
d) 100 Millionen Arbeiter arbeiteten an dem Schloss.		
e) Zu dem Schloss gehört ein riesiger Park.		
f) Schloss Versailles wurde von vielen europäischen Herrschern nachgeahmt.		

Aufgabe 2: *Erkläre, warum Versailles als Zeichen absolutistischer Herrschaft gilt. Nenne ein Beispiel, wie Ludwig der XIV. dieses symbolisierte und schreibe sie auf.*

Aufgabe 3: *Kennst du ein Schloss in Deutschland, das auch aus dem Zeitalter des Barock stammt und nach dem Vorbild des Schloss Versailles erbaut wurde? Recherchiere notfalls im Internet. Nenne ein Beispiel und schreibe es auf.*

STATIONENLERNEN ABSOLUTISMUS "Der Staat bin ich ..." / Sekundarstufe – Bestell-Nr. 12 098
KOHL VERLAG

Versailles

Lösungen

Aufgabe 1: **Korrekturen der falschen Aussagen:**

b) Ludwig XIV. lebte im Zeitalter des Barock.
c) Versailles liegt in der Nähe von Paris.
d) Ca. 36.000 Arbeiter arbeiteten an dem Schloss.

	Richtig	Falsch
a) Das Schloss Versailles war ursprünglich ein Jagdschloss.	X	
b) Ludwig XIV. lebte im Zeitalter der Renaissance.		X
c) Versailles liegt in der Nähe von Marseille.		X
d) 100 Millionen Arbeiter arbeiteten an dem Schloss.		X
e) Zu dem Schloss gehört ein riesiger Park.	X	
f) Schloss Versailles wurde von vielen europäischen Herrschern nachgeahmt.	X	

Aufgabe 2: Versailles ist aufgrund seiner Größe, seines Prunkbaus, seiner luxuriösen Zimmergestaltung und den ausladenden, imposanten Parkanlagen, die das Schloss einrahmen, das Beispiel für die Architektur des Absolutismus. Gleichzeitig ist es ein Beispiel für die Baukunst und die Lebensweise des Hochbarocks. Die Machtdarstellung manifestiert sich beispielsweise im Schlafzimmer des Königs, welches den Mittelpunkt der gesamten Schlossanlage bildet.

Aufgabe 3: Ein Beispiel für ein deutsches Schloss, das nach dem Vorbild Versailles erbaut wurde, ist die Würzburger Residenz. Sie ist ein barocker Residenzbau, mit dem im Jahre 1719 begonnen wurde. Die Würzburger Residenz folgt in ihrem Aufbau ganz dem Idealbild eines barocken Schlosses: Die Raumfolge mit Vestibül, Treppenhaus, Weißem Saal, Kaisersaal und Kaiserzimmern drückt in ihrer Pracht ganz den Machtanspruch aus, den ein absolutistischer Herrscher für sich beanspruchte.

Kaisersaal Würzburger Residenz

Gartenfront der Würzburger Residenz

Höfisches Leben !

Der Tagesablauf im Schloss Versailles folgte strengen Regeln, die man „Etikette" nannte. Diese Etikette gab ganz genau vor, was und wann jemand am Hofe zu tun hatte. Kontrolliert wurde der Ablauf des Tages vom Zeremonienmeister. Die Organisation war notwendig, denn es arbeiteten bis zu 10.000 Bedienstete im Schloss. Knapp die Hälfte von ihnen lebte auch hier, das restliche Personal lebte in der Stadt. Im gesamten Schloss waren ständig Menschen unterwegs. Kaum vorstellbar heute, aber Versailles war für jedermann öffentlich zugänglich. Kann man aber aus dem Prunk und den Verzierungen der Schlossräume auf ein angenehmes Leben schließen? Nicht unbedingt. Sicherlich, es herrschte keine Armut und Hunger. Aber Probleme und Unannehmlichkeiten gab es. Die großen Säle waren kaum zu beheizen, man fror nicht nur im Winter. Die langen Wege im Schloss führten dazu, dass das Essen eigentlich nicht mehr warm im Speisesaal ankam, wenn es den langen Weg von der Küche hinter sich hatte. Da das Schloss viel zu wenige Toiletten besaß, hinterließ nicht nur der Besucher seinen Urin und die Fäkalien in den Gängen. Das Personal musste die Exkremente einsammeln und wegschaffen. Waschen entsprach in dieser Zeit nicht der Mode, man vermutete im Wasser Erreger für Krankheiten und Epidemien. Deshalb wurde der Körper auch nur bepudert und parfümiert. Körpergerüche waren so aber kaum zu unterdrücken. Tagsüber führte der König viele Gespräche mit den Ministern und dem Hofadel. Regelmäßig ging er aber auch zur Jagd. Dabei folgten ihm oftmals mehrere hundert Personen. Des Weiteren war eine gute Erziehung sehr wichtig. Reiten, Fechten, Tanzen, all dies waren erstrebenswerte Fertigkeiten, die Männer und Frauen bei Hofe beherrschen mussten und täglich ausgeführt wurden. Abends gab der Sonnenkönig seine berühmten Maskenbälle. Es waren stets rauschende Feste, die europaweit Maßstäbe und ein Zeichen setzten – Ludwig XIV. ist der Sonnenkönig dieser Erde!

Aufgabe 1: *Interpretiere die Karikatur. Nutze dazu die gelesenen Informationen.*

Tipp: Ludwig XIV. wird gleichzeitig auf unterschiedliche Weise dargestellt.

Demaskierung – Karrikatur von W. Thackeray um 1840: Der König als Kleiderpuppe

Aufgabe 2: *Inwiefern sind die abendlichen Bälle Ausdruck von Macht? Begründe deine Überlegungen.*

STATIONENLERNEN ABSOLUTISMUS "Der Staat bin ich ..." / Sekundarstufe – Bestell-Nr. 12 098
KOHL VERLAG

Höfisches Leben

!

Lösungen

Aufgabe 1: In der Karikatur wird Ludwig XIV. dargestellt. Links ist seine königliche Kleidung, die auf einer Kleiderpuppe aufgehängt ist, zu sehen, in der Mitte steht der König selbst – dargestellt als gebrechlicher, kleiner, untersetzter Mann – rechts der König mit seinen königlichen Kleidern. Durch diese ist sein fehlendes Haar, seine Gebrechlichkeit, usw. nicht mehr zu erkennen. Der Karikaturist will in dieser Zeichnung deutlich machen, dass „hinter der Fassade" ein Mensch mit allen seinen Schwächen steht. Der Prunk, die Kleidung, die Kultur, die Feiern sind Ausdruck der Macht und erhöhen diese.

Aufgabe 2: Maskenbälle waren stets Höhepunkte. Durch die hohe Anzahl an Gästen, das imposante Essen und die prunkvolle Ausstattung waren sie extrem teuer. Eine Einladung zu diesen Feierlichkeiten bedeutete stets eine gesellschaftliche und politische Aufwertung. Gleichzeitig imitierten die europäischen Fürstenhöfe diese Art von Feierlichkeiten. Dadurch wurde die Vormachtstellung des französischen Königs einerseits sichtbar, andererseits weiter gestärkt.

KOHL VERLAG STATIONENLERNEN ABSOLUTISMUS "Der Staat bin ich ..." / Sekundarstufe – Bestell-Nr. 12 098

Bäuerliches Leben

Den Bauern in Frankreich zur Zeit des Sonnenkönigs ging es sehr schlecht. Sie besaßen meistens kein eigenes Land. Deshalb boten sie ihre Dienste den Grundherren an und arbeiteten für diese. Dafür erhielten sie einen kläglichen Lohn. Sogar im Vergleich mit den Löhnen der anderen Berufsgruppen des 3. Standes war das Einkommen sehr gering. So verdiente ein Handwerker in der Stadt für 10 bis 14 Stunden Arbeit ungefähr 15 Sous, ein Bauer jedoch in der Regel nur 10 Sous. Um den Verdienst einschätzen zu können muss man ihn mit den Lebensmittelpreisen dieser Zeit vergleichen: 450g Brot kosteten ca. 2 Sous, 1 Pfund Butter bis zu 8 Sous.

Bauern, die ihre eigenen Felder bestellten und ernteten, mussten hohe Abgaben bezahlen. Historiker fanden heraus, dass dies bis zu einem Drittel der Erträge sein konnte. Hinzu kamen noch der Kirchenzehnt sowie die hohen Steuern, die das Leben des Königs, seines Hofstaates sowie den Lebensunterhalt der Menschen des 1. und 2. Standes finanzierten. Deshalb blieb den Bauern und ihren Familien kaum etwas von der Ernte übrig. 1691 bis 1694 gab es aufgrund des Wetters große Missernten. Die Lage des Bauernstandes verschlimmerte sich erheblich, denn die Preise für Lebensmittel verfünffachten sich in diesen Jahren. Hunderttausende Menschen verhungerten in dieser Zeit, während in Versailles riesige Feste gefeiert wurden.

Aufgabe 1: *Wie lange müsste ein Bauer arbeiten, wenn er sich ein Kostüm im Wert von 4000 Livres (20 Sous=1 Livre) für einen Ball in Versailles hätte kaufen wollen?*

Aufgabe 2: *Nenne die staatlichen sowie die kirchlichen Abgaben eines Bauern.*

Aufgabe 3: *Warum wehrten sich die Bauern dieser Zeit nicht gegen diese Missstände? Erkläre.*

Aufgabe 4: *Versetze dich in die Lage dieses Bauern. Was könnte in ihm vorgehen?*

STATIONENLERNEN ABSOLUTISMUS "Der Staat bin ich ..." / Sekundarstufe – Bestell-Nr. 12 098

Bäuerliches Leben

Lösungen

Aufgabe 1: Ein Bauer musste ca. 8000 Stunden arbeiten. Bei einer durchschnittlichen Arbeitszeit von 10 Stunden pro Tag bedeutet dies 800 Tage Arbeit.

Aufgabe 2: Abgaben an den Grundherren; Steuern; Kirchenzehnt

Aufgabe 3: Die Ständeordnung wurde als eine Ordnung von Gott gewollt angesehen. Wer diese in Frage stellte, musste mit dem „göttlichen Zorn" nach dem Tod rechnen.

Aufgabe 4: Individuelle Lösungen

KOHL VERLAG STATIONENLERNEN ABSOLUTISMUS "Der Staat bin ich ..." / Sekundarstufe – Bestell-Nr. 12 098

Katholische Kirche

Französischer Absolutismus

Um eine absolute Herrschaft zu erreichen, nutzte Ludwig XIV. die Macht der katholischen Kirche. Viele seiner Untertanen sind in den Jahren vor seiner Regierungszeit zum Protestantismus übergetreten („Hugenotten“). Ludwig verbot diese Religionsrichtung und erklärte den Katholizismus zur Staatsreligion. Er verschärfte ständig die Unterdrückungsmaßnahmen ihnen gegenüber. Dazu zählten z. B. Berufsverbote, die Verweigerung eines würdigen Begräbnisses, Kopfprämien beim Übertritt zur katholischen Kirche oder die Aufhebung der Elternrechte bei der religiösen Erziehung der eigenen Kinder. Zusätzlich wurden die Hugenotten gewaltsam aus Frankreich vertrieben. Ziel war die Rekatholisierung der Protestanten. „Une foi, une loi, un roi“ (ein Glaube, ein Gesetz, ein König) lautete die Devise des Königs. Das Ende dieser Auseinandersetzung bildete das Edikt von Fontainebleau 1685. Die wesentlichen Merkmale des Ediktes waren folgende:

- Alle reformierten Kirchengebäude sollten sofort zerstört werden.
- Reformierte Gottesdienste wurden verboten.
- Die meisten Hugenotten wurden zwangsrekatholisiert und ihre Kinder katholisch erzogen.
- Alle reformierten Pfarrer, die nicht zum Katholizismus übertreten wollten, sollten das Land innerhalb von 14 Tagen verlassen; andernfalls drohte die Galeerenstrafe; ihre Kinder, die älter als sieben Jahre waren, mussten zurückbleiben.
- Die Auswanderung der hugenottischen Gemeindemitglieder wurde bei schwerster Strafe verboten.

Aufgabe 1: *Erläutere, inwiefern das Edikt von Fontainebleau die königliche Macht sicherte und stärkte.*

Aufgabe 2: *Recherchiere im Internet, welche Länder Hugenotten aufnahmen.*

KOHL VERLAG STATIONENLERNEN ABSOLUTISMUS "Der Staat bin ich ..." / Sekundarstufe – Bestell-Nr. 12 098

Machtpolitik !

Französischer Absolutismus

Ludwig XIV. vollzog eine geschickte Machtpolitik. Um den Einfluss und Widerstand des Adels zu begrenzen, holte er viele Fürsten an seinen Hof nach Versailles und übergab ihnen Titel und Ämter. Diese beinhalteten in der Praxis jedoch keine politische Macht. Zudem war der Aufenthalt am Hof für die Adeligen sehr kostspielig, sodass sie sich beim König oftmals verschuldeten und in seine Abhängigkeit gerieten. Um die kostspielige Hofhaltung finanzieren zu können, sie verschlang fast ein Drittel der gesamten Staatsausgaben, ließ der König viele Beamte ausbilden. Diese verwalteten das Reich effektiv und erhoben die notwendigen Steuern. Gleichzeitig setzten sie die königlichen Gesetze durch. Die Beamten erhielten ihren Lohn und den persönlichen Schutz durch die Krone. So waren sie stets vom Wohlwollen des Königs abhängig und ihm loyal ergeben. Zusammen mit dem Stehenden Heer bildeten beide eine ganz erhebliche Machtstütze des Königs, wobei das Heer vor allem für die äußere Sicherheit diente. Dies wird auch dadurch deutlich, dass Ludwig in nur zehn Jahren 90 Kriegsschiffe erbauen ließ und die Anzahl der Soldaten von 45.000 Mann 1664 auf über 400.000 Mann im Jahre 1703 anstieg. Soldaten und Offiziere erhielten ihren Sold ebenfalls vom König. So waren sie weisungsgebunden und finanziell abhängig. Die Kosten für das stehende Heer verschlang fast die Hälfte des Staatshaushaltes.

Aufgabe 1: *Erkläre, wie Ludwig XIV. Abhängigkeiten schuf, die ihm seine Macht sicherten.*

Aufgabe 2: *Stelle dar, welche finanziellen Folgewirkungen diese Machtpolitik hatte und wie der König diese in Ansätzen löste. Gehe dabei auch auf die Schwierigkeiten für den König ein.*

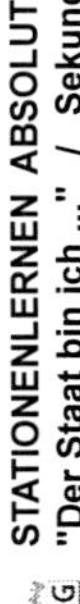

KOHL VERLAG STATIONENLERNEN ABSOLUTISMUS "Der Staat bin ich ..." / Sekundarstufe – Bestell-Nr. 12 098

Katholische Kirche

Französischer Absolutismus

Lösungen

Aufgabe 1: Durch dieses Edikt wurde der Prozess der Schaffung einer Staatskirche beendet. Der katholische Glaube wurde in Frankreich zur Staatsreligion. Dies stellte sowohl für den König als auch die katholische Kirche einen erheblichen Machtzuwachs und Machtabsicherung dar. Der König verfügte über das Recht der Bischofseinsetzung sowie die Verwaltung des kirchlichen Vermögens. Gleichzeitig bot die Kirche die Legitimation für die Alleinherrschaft und der unangreifbaren göttlichen Bestimmung.

Aufgabe 2: Beispiele für Gebiete und Länder, die Hugenotten aufnahmen:

- Niederlande
- England
- Schweiz
- Heiliges Römisches Reich (U. a. Brandenburg-Preußen, Hessen-Kassel, Kurpfalz, Württemberg)

KOHL VERLAG – STATIONENLERNEN ABSOLUTISMUS "Der Staat bin ich ..." / Sekundarstufe – Bestell-Nr. 12 098

Machtpolitik

!

Französischer Absolutismus

Lösungen

Aufgabe 1: Ludwig XIV. schuf große finanzielle Abhängigkeit. So lebte ein großer Teil des französischen Adels in Versailles und musste für die eigene kostenintensive Hofhaltung aufkommen, oftmals reichte das eigene Einkommen nicht, sodass man finanziell vom König abhängig war. Gleichzeitig wurde der Adel durch Titel und Ämter an die Königskrone gebunden. Soldaten, Offiziere und Beamte erhielten ihr Einkommen durch den König und waren somit finanziell abhängig vom Königshaus.

Aufgabe 2: Durch die hohen Finanzausgaben musste Ludwig dafür sorgen, dass die Steuern regelmäßig und effektiv erhoben wurden. Dazu schuf er eine gut ausgebildete Beamtenschaft. Diese sorgte für eine sehr fortschrittlich organisierte Staatsverwaltung. Trotzdem war das Königshaus durch die immensen Staatsausgaben ebenfalls hoch verschuldet.

STATIONENLERNEN ABSOLUTISMUS "Der Staat bin ich ..." / Sekundarstufe – Bestell-Nr. 12 098

Außenpolitik

!

Ludwig XIV. war stets bestrebt, sein Reich zu vergrößern, um seinen Machteinfluss auszuweiten. Deshalb führte er viele Kriege im Osten gegen Deutsche und Holländer. Das Ziel war der Rhein als natürliche Grenze.

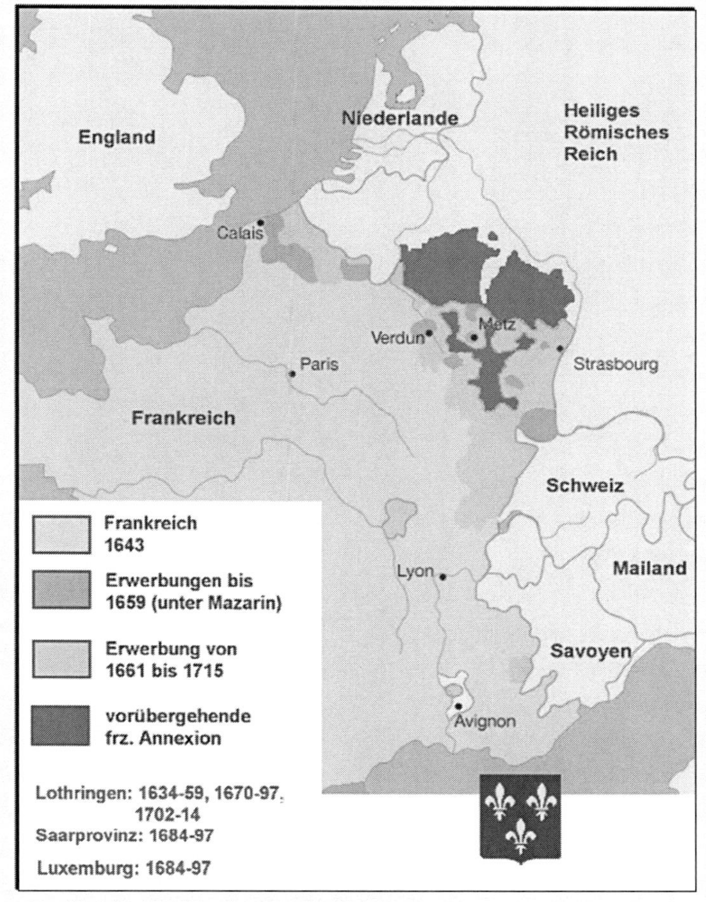

Frankreichs Eroberungen unter Ludwig XIV.

Der Devolutionskrieg 1667-1668

In diesem Krieg kämpfte Frankreich siegreich gegen Spanien. Im Frieden von Aachen 1668 wurde beschlossen, dass Teile der Niederlande zu Frankreich gehören werden.

Der Holländische Krieg 1672-1679

Der nächste siegreiche Krieg war der Holländische Krieg. Im Frieden von Nimwegen 1678/1679 gab es dann wichtige Gebietsgewinne für Frankreich. So kam das Königreich Burgund in den Herrschaftsbereich des französischen Königs.

Pfälzischer Erbfolgekrieg 1688-1697

Ein weiterer Krieg, der als Pfälzischer Erbfolgekrieg in die Geschichte einging, fand von 1688 bis 1697 statt. Auch in diesem Krieg verbündeten sich wie in den Kriegen zuvor mehrere europäische Nationen gegen Frankreich. Frankreich musste aufgrund seiner Niederlage erstmalig Gebiete abtreten.

Um die eroberten Gebiete zu sichern, ließ Ludwig große Landstriche verwüsten. Er zerstörte Dörfer, Städte, Burgen und Schlösser. Für die Bewohner dieser Gebiete stellte dies ein sehr großes Unglück dar. Des Weiteren ließ Ludwig neuartige Festungen erbauen. Diese waren sternenförmig konzipiert und passten sich den vorliegenden Geländebeschaffenheiten sowie den militärischen Zielen an. Dieser Festungstyp galt bis in das 19. Jahrhundert hinein als uneinnehmbar.

Aufgabe 1: *Zeichne mit einem Stift in der Karte oben den Verlauf des Rheins nach. Nimm einen Atlas zu Hilfe, wenn nötig.*

Aufgabe 2: *Stelle dar, warum Ludwig XIV. bestrebt war, sein Reich bis zum Rhein zu vergrößern.*

Aufgabe 3: *Zeichne einen Zeitstrahl zur Regierungszeit von Ludwig XIV. und markiere farbig die Zeitabschnitte, in denen er Krieg führte. Bewerte nach der Visualisierung seine Außenpolitik.*

STATIONENLERNEN ABSOLUTISMUS "Der Staat bin ich ..." / Sekundarstufe – Bestell-Nr. 12 098

Außenpolitik

!

Lösungen

Aufgabe 1:

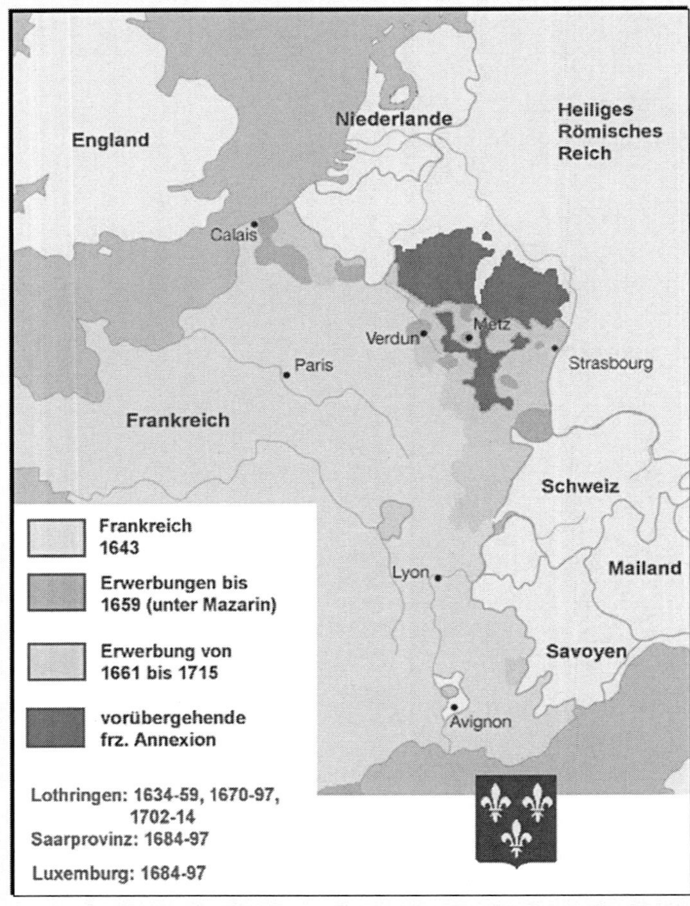

Aufgabe 2: Der Rhein als großer Fluss stellte eine natürliche Grenze dar. Diese kann von Feinden in dieser Zeitepoche nur schwerlich überwunden werden. Somit wäre für Ludwig XIV. diese Grenze leicht zu kontrollieren und zu verteidigen. Es stellte einen strategischen Vorteil dar.

Aufgabe 3:

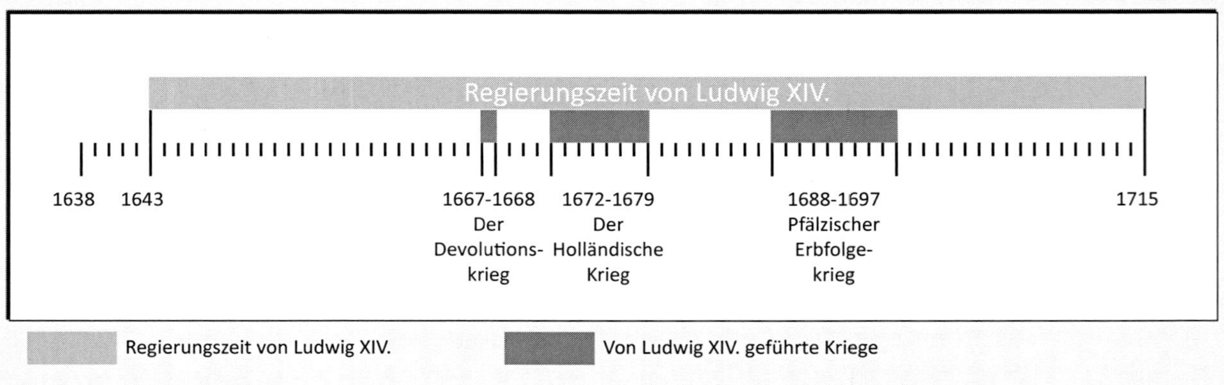

Es wird deutlich, dass ein großer Zeitraum seiner Regierungszeit Kriegszeit gewesen ist. Krieg als Fortsetzung von Politik und Durchsetzung eigener Interessen war das Kennzeichen der französischen Außenpolitik.

STATIONENLERNEN ABSOLUTISMUS "Der Staat bin ich ..." / Sekundarstufe – Bestell-Nr. 12 098

Manufakturen ✶

Wurden bisher alle Produkte in kleineren Handwerkerbetrieben so erstellt, dass eine Handwerkergruppe das Produkt vom Anfang bis zum Ende herstellte, revolutionierte die Manufaktur diesen Herstellungsprozess. Diese Wirtschaftsform wurde in England erfunden und setzte sich recht bald in den meisten absolutistischen Staaten durch.

In einer Manufaktur wurde der gesamte Herstellungsprozess eines Produktes in Teilschritte gegliedert. Für jeden einzelnen Produktionsschritt waren nun bestimmte Arbeiter zuständig, die keine weiteren Arbeitsschritte durchführten. So spezialisierten sie sich auf diesen einen Fertigungsschritt und erreichten eine sehr hohe Stückzahl in einer sehr guten Qualität. Die Produktionszahlen einer Manufaktur überstiegen die der traditionellen Handwerkerbetriebe um eine Vielzahl. Des Weiteren musste der Manufakturbesitzer nicht mehr viel Geld und Zeit in die Ausbildung von Arbeitskräften investieren, weil nur kleine Teilschritte erlernt werden mussten. Deshalb konnten nun auch Frauen und Kinder eingestellt werden, die aber wesentlich schlechter als Männer bezahlt wurden.

Für die Wirtschaft bedeutete diese neue Produktionsweise einen revolutionären Fortschritt.

Rasiermessermanufaktur

<u>**Aufgabe 1**</u>: *Welche Merkmale passen zu welcher Produktionsweise? Zeichne eine Tabelle und trage ein.*

hohe Arbeitsproduktivität – Ein Handwerker (bzw. eine Gruppe des gleichen Berufs) stellt ein Produkt her – mehrere Handwerke in einem Arbeitshaus – Arbeitsteilung – niedrige Arbeitsproduktivität – vereinheitlichte Güter – aufwendige Ausbildung

Mittelalterliches Handwerk	Manufaktur

<u>**Aufgabe 2**</u>: *Erkläre den revolutionären Fortschritt von Manufakturen gegenüber Handwerkerbetrieben.*

<u>**Aufgabe 3**</u>: *Stelle in einem Flussdiagramm dar, warum das Steueraufkommen durch Manufakturen anstieg.*

STATIONENLERNEN ABSOLUTISMUS "Der Staat bin ich ..." / Sekundarstufe – Bestell-Nr. 12 098
KOHL VERLAG

Manufakturen 

Wirtschaft

Lösungen

Aufgabe 1:

Mittelalterliches Handwerk	Manufaktur
• Ein Handwerker (bzw. eine Gruppe des gleichen Berufs) stellt ein Produkt her • niedrige Arbeitsproduktivität • aufwendige Ausbildung	• hohe Arbeitsproduktivität • mehrere Handwerke in einem Arbeitshaus • Arbeitsteilung • vereinheitlichte Güter

Aufgabe 2: Der Produktionsprozess wurde in Einzelschritte zerlegt. Diese wurden von Arbeitern erfüllt. Da sie sich im Produktionsprozess schnell spezialisierten, erreichten sie eine sehr hohe Stückzahl in sehr guter Qualität. So stieg die Produktionszahl enorm an. Es wurden wesentlich mehr Produkte in guter Qualität hergestellt. Für die Produktion konnten nun verstärkt Frauen und Kinder eingesetzt werden, die wesentlich geringer entlohnt wurden als Männer.

Aufgabe 3:

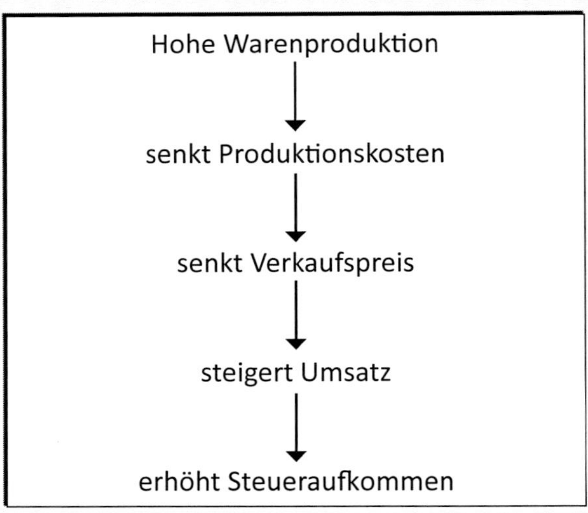

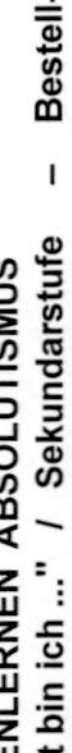

Merkantilismus

! **Wirtschaft**

Die hohen Finanzausgaben der absoluten Herrscher erforderten eine andere Wirtschaftspolitik. Der Staat und seine Wirtschaft sollten so gestaltet werden, dass möglichst hohe Steueraufkommen erreicht werden. Der französische Finanzminister Colbert entwickelte ein neuartiges Wirtschaftssystem. Der Leitgedanke seiner Überlegungen war, dass der Staat genauso wie ein Kaufmann (lateinisch: Mercator) handeln müsse. Er muss mehr Geld einnehmen als ausgeben. Daraus entstand das neue Wirtschaftssystem – der Merkantilismus.

Im Inland wurden sämtliche Zölle auf Waren abgeschafft. Dadurch konnten sowohl Rohstoffe als auch Fertigprodukte günstiger im Inland gehandelt werden. Dies führte zu einer wirtschaftlichen Verbesserung der einheimischen Wirtschaft. Gleichzeitig wurde der Handel dadurch befördert, dass der Staat sowohl Land- als auch Wasserwege modernisieren und ausbauen ließ.

Gegenüber Fertigprodukten aus dem Ausland wurden hohe Zölle erlassen. Diese verteuerten sich dadurch für den potentiellen Käufer. Die Einfuhren von Waren aus dem Ausland lohnten sich deshalb kaum noch. Dies führte zum weiteren Anstieg der Wirtschaftsleistung im Inland.

Die ansteigende Produktion von Gütern ließ die Nachfrage nach Rohstoffen wachsen. Deshalb wurden durch die europäischen Mächte weitere Kolonien erobert und ausgebeutet. Von hier konnten billige Rohstoffe in das eigene Land eingeführt werden. Mit dieser Maßnahme wurde der Wirtschaftszweig des Schiffbaus enorm angekurbelt.

Mit der Förderung von Manufakturen erreichte die Produktion von Gütern schnell enorme Zuwächse. Der Verkauf von Gütern ins Ausland wurde staatlich gefördert, um die Geldeinnahmen weiter zu erhöhen.

Aufgabe 1: *Richtig oder falsch? Kreuze an und korrigiere dann die falschen Aussagen.*

	Richtig	Falsch
a) Der französische Außenminister Colbert entwickelte den Merkantilismus.		
b) Dieser Begriff geht auf das lateinische Wort „Mercator“ zurück.		
c) Die Idee des Merkantilismus ist, dass der Staat mehr ausgeben als einnehmen muss.		
d) Die Zölle im Inland wurden erhöht.		
e) Fertigprodukte aus dem Ausland wurden sehr teuer.		
f) Frankreich führte Rohstoffe aus den Kolonien ein.		
g) Manufakturen förderten die Wirtschaftsleistung im Inland.		

Aufgabe 2: *Erkläre die grundlegenden Prinzipien des Merkantilismus.*

Aufgabe 3: *Begründe, warum diese Wirtschaftsform nur dann erfolgreich ist, wenn nicht alle Länder diese umsetzen.*

KOHL VERLAG STATIONENLERNEN ABSOLUTISMUS "Der Staat bin ich ..." / Sekundarstufe – Bestell-Nr. 12 098

Merkantilismus

!

Wirtschaft

Lösungen

Aufgabe 1: **Korrekturen der falschen Aussagen:**

a) Der französische Finanzminister Colbert entwickelte den Merkantilismus.

c) Die Idee des Merkantilismus ist, dass der Staat mehr einnehmen als ausgeben muss.

d) Die Zölle im Inland wurden abgeschafft.

	Richtig	Falsch
a) Der französische Außenminister Colbert entwickelte den Merkantilismus.		X
b) Dieser Begriff geht auf das lateinische Wort „Mercator" zurück.	X	
c) Die Idee des Merkantilismus ist, dass der Staat mehr ausgeben als einnehmen muss.		X
d) Die Zölle im Inland wurden erhöht.		X
e) Fertigprodukte aus dem Ausland wurden sehr teuer.	X	
f) Frankreich führte Rohstoffe aus den Kolonien ein.	X	
g) Manufakturen förderten die Wirtschaftsleistung im Inland.	X	

Aufgabe 2: Der Merkantilismus stellt die Förderung der einheimischen Wirtschaft in den Mittelpunkt. Dazu werden der inländische Handel sowie die Produktion mit verschiedenen Maßnahmen gefördert. Hierzu zählt der Ausbau des Manufakturwesens, der Bau/ Ausbau von Handelswegen sowie der Abbau von inländischen Zöllen. Gleichzeitig wird der Verkauf von Waren in das Ausland gefördert. Durch den Import von Rohstoffen aus eigenen Kolonien wird die eigene Wirtschaft gefördert. Des Weiteren werden hohe Zölle auf ausländische Fertigprodukte erhoben, um die eigene Wirtschaft zu schützen.

Aufgabe 3: Würden alle europäischen Länder den Merkantilismus umsetzen, gäbe es keine Möglichkeiten des internationalen Handels, denn alle Länder würden hohe Zölle gegenüber ausländischen Waren erheben. Kennzeichen des Merkantilismus ist aber, dass hohe Einnahmen durch den Verkauf von Fertigprodukten im Ausland erzielt werden.

Kolonialismus

Wirtschaft

Bereits seit dem 15. Jahrhundert waren europäische Mächte bestrebt, außerhalb von Europa Gebiete zu erobern und diese als Kolonie in das eigene Herrschafts- und Wirtschaftssystem zu integrieren. Dies ging insbesondere von Spanien und Portugal aus und betraf Asien und Amerika. Der Kolonialisierungsprozess war ein wichtiges Kennzeichen absolutistischer Wirtschaftspolitik. Aus eroberten Kolonien wurden billig Rohstoffe, in einigen Fällen auch Arbeitskräfte (Sklaven) in das Mutterland eingeführt. Dies war aufgrund der Überlegungen des Merkantilismus notwendig. Gleichzeitig importierte man aber auch Luxusgüter wie Tee, Kaffee, Gewürze oder Pelze. Diese wurden für das luxuriöse Leben der Herrscher benötigt. Besonders Frankreich, aber auch die absoluten Herrscher aus Brandenburg-Preußen, Russland sowie die Habsburger betrieben aktive Kolonialpolitik.

Frankreichs Kolonialpolitik war zunächst auf Nordamerika ausgerichtet. Von dort wurden vor allem Pelze für die eigenen Manufakturen erworben. In der zweiten Hälfte des 17. Jahrhunderts verlagerte Colbert aber die Aktivitäten Richtung Indien. Dazu gründete er die West- wie auch die Ostindische Companie (Handelsgesellschaften). Diese waren mit vielen Privilegien ausgestattet und agierten im Interesse der französischen Krone. Mit dieser Entscheidung kam es aber auch zu großen Spannungen und Auseinandersetzungen mit den anderen europäischen Kolonialmächten. Man unterscheidet in der Kolonialpolitik zwischen Siedlungs- und Stützpunktpolitik.

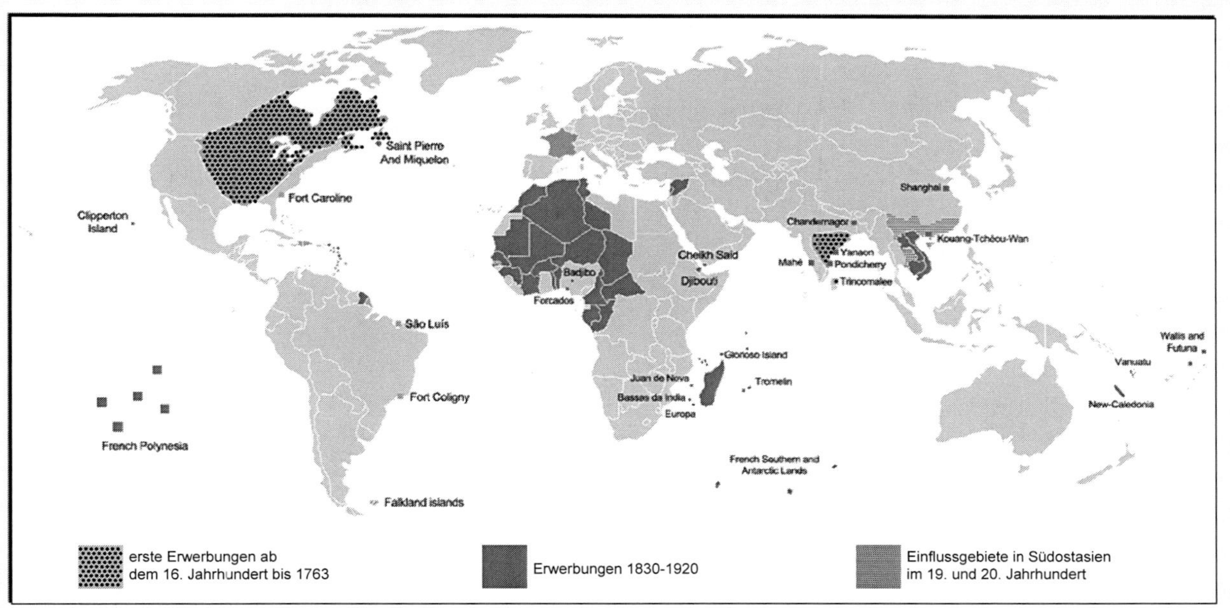

Aufgabe 1: *Erkläre die Beweggründe absoluter Herrscher, Kolonien zu erwerben. Unterscheide dabei zwischen politischer und wirtschaftlicher Macht.*

Aufgabe 2: *Kläre die Begriffe Siedlungskolonie und Stützpunktkolonie. Recherchiere notfalls im Internet.*

STATIONENLERNEN ABSOLUTISMUS "Der Staat bin ich ..." / Sekundarstufe – Bestell-Nr. 12 098

Kolonialismus 

Wirtschaft

Lösungen

Aufgabe 1: Kolonien zu erwerben bedeutet für die absoluten Herrscher ihren Einfluss zu erweitern. Große Besitztümer gingen einher mit Prestigezuwachs und spielten im Machtkampf um die europäische Vormacht eine wichtige Rolle. Gleichzeitig waren Kolonien notwendig, um die eigene Wirtschaft zu entwickeln. Billige und ausreichend viele Rohstoffe waren Grundlage für ein funktionierendes Manufaktursystem. Aufgrund des Merkantilismus waren die Länder gezwungen, Kolonien zu erwerben.

Aufgabe 2: Siedlungskolonie: Diese Kolonien wurden von Menschen aus dem Mutterland besiedelt, verwaltet und wirtschaftlich entwickelt.

Stützpunktkolonie: Diese Kolonien wurden militärisch von einem Stützpunkt aus kontrolliert und wirtschaftlich ausgebeutet.

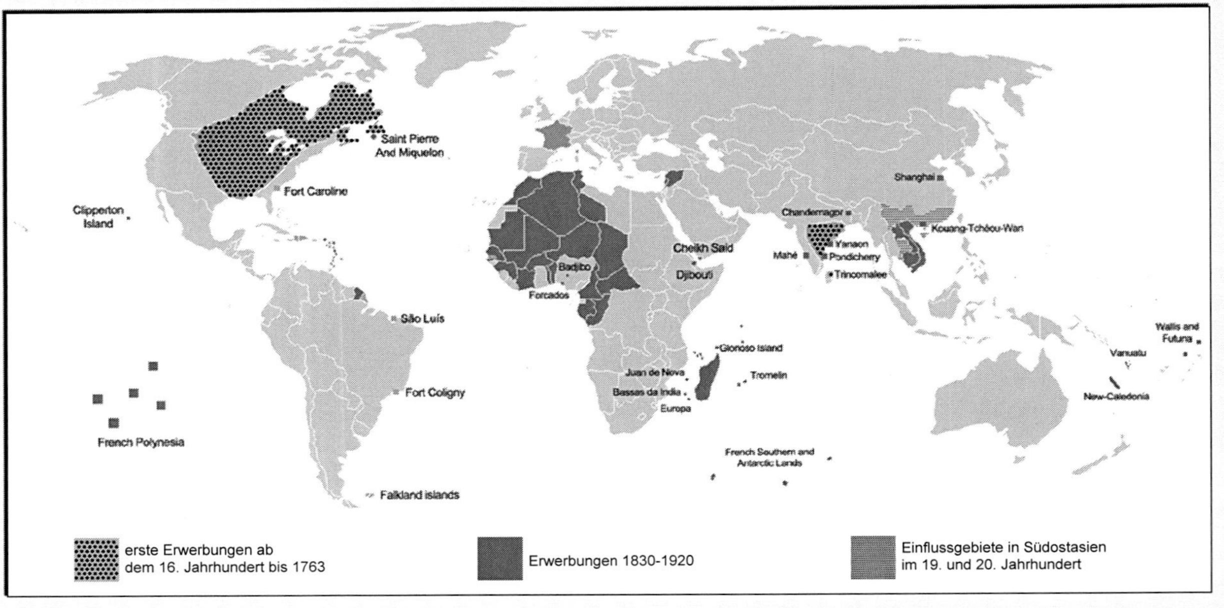

Absolutismus in Preußen !

Deutscher Absolutismus

1740, etwa 100 Jahre nach dem Machtantritt Ludwig XIV., wurde Friedrich II. König von Preußen. In die Geschichte ging er als Friedrich der Große ein. Sein Leitmotiv der absolutistischen Herrschaft war: „Ich bin der erste Diener meines Staates." Er fühlte sich dem Staat verpflichtet. Handel, Gewerbe, Wissenschaft und Kultur sollten entwickelt und das Wohl der Untertanen im Auge behalten werden. Doch dazu musste Preußen zunächst mächtiger werden und wirtschaftliche Fortschritte machen.

Friedrich II. führte Kriege und baute das Militär massiv aus. Wirtschaftliche Reformen stärkten das eigene Manufakturwesen, auch in Preußen betrieb man eine merkantilistische Wirtschaftspolitik. Im Gegensatz zu Frankreich herrschte in Preußen Religionsfreiheit. Religiös Verfolgte aus anderen Ländern wanderten daher in das Land ein und bereicherten sowohl die Wirtschaft als auch das kulturelle Leben. Eine wichtige Reform war jedoch auf dem Gebiet der Rechtsprechung erfolgt. Das Gerichtswesen wurde erneuert und jeder Mensch sollte vor dem Gesetz gleich sein. Dies war ein wichtiger Schritt in der Geschichte. Die staatliche Macht wurde nun durch unabhängige Gerichte kontrolliert und musste richterliche Entscheidungen anerkennen. Dies galt auch für den König. Somit spricht man vom aufgeklärten Absolutismus. Friedrich II. hatte Ideen der Aufklärung aufgenommen und im eigenen Land umgesetzt: unabhängige Justiz, Religionsfreiheit, Förderung des Schulwesens sowie Lockerung der bäuerlichen Leibeigenschaft.

Aufgabe 1: *Benenne die wesentlichen Unterschiede zwischen dem französischen und dem preußischen Absolutismus.*

Aufgabe 2: *Welche Vorteile gewann Preußen aufgrund der Religionsfreiheit? Erkläre.*

STATIONENLERNEN ABSOLUTISMUS "Der Staat bin ich ..." / Sekundarstufe – Bestell-Nr. 12 098

Preußens Innenpolitik 

Deutscher Absolutismus

Friedrich II. reformierte sein Land und führte es somit in die Reihe der führenden europäischen Großmächte.

Friedrich II.,
Gemälde von Anton Graff, 1781

Wirtschaftlich förderte er den Bergbau und den Ausbau von Manufakturen und schuf eine Vielzahl an neuen Straßenwegen sowie ließ Kanäle errichten, um den Handel auf dem Wasserwege zu befördern. Im Oderbruch führte er Bodenentwässerungen durch und konnte wertvolles Ackerland gewinnen. Es entstanden neue Siedlungen. Die Bevölkerung wuchs unter der Regierung Friedrichs von 1,7 auf 5,5 Millionen Einwohner.

Um diese ernähren zu können, befahl der König die Einführung der Kartoffel als landwirtschaftliches Produkt. Gegen große Widerstände der Bauern gelang diese Reform und sicherte die Versorgung der Bevölkerung.

Die Reformen Friedrichs zielten vor allem auf die Steigerung der staatlichen Effizienz ab. So stärkte er die Beamtenschaft und bildete diese besser aus. Bildung war für den aufgeklärten Monarchen sehr wichtig. Deshalb führte er die allgemeine Schulpflicht ein.

Des Weiteren reformierte er das Justizwesen und schuf dadurch mehr Rechtssicherheit.

Aufgabe: *Zähle die Maßnahmen Friedrichs auf, um den Staat zu modernisieren. Gewichte die Reformen nach ihrer Bedeutung, begründe deine Auswahl und diskutiere diese mit einem Mitschüler.*

STATIONENLERNEN ABSOLUTISMUS "Der Staat bin ich ..." / Sekundarstufe – Bestell-Nr. 12 098

Absolutismus in Preußen

!

Deutscher Absolutismus

Lösungen

Aufgabe 1: Der wesentlichste Unterschied bestand in der Vorstellung der königlichen Macht: Während Ludwig XIV. sich als „Der Staat bin ich“ verstand, sah Friedrich II. sich als „erster Diener des Staates“. Friedrich nahm wesentliche Überlegungen der Aufklärung auf und setzte diese um: Religionsfreiheit und unabhängige Gerichte.

Aufgabe 2: In vielen absolutistisch regierten Ländern war die Staatskirche eine wesentliche Machtstütze. Andere Religionen wurden verboten und unterdrückt. Preußen hingegen erklärte die Religion zur „Privatsache“ und verkündete die Religionsfreiheit. Hiervon wurden viele gut ausgebildete, wirtschaftlich erfolgreiche Menschen angezogen. Sie brachten neben Geld auch viel Wissen mit. Preußen konnte sowohl wirtschaftlich als auch kulturell stark wachsen und profitierte von der Einwanderung.

Preußens Innenpolitik

Deutscher Absolutismus

Lösungen

Aufgabe: Mögliche Lösung:

- Wirtschaft: Stärkung des Bergbaus und des Manufakturwesens; Ausbau des Straßennetzes und der Wasserwege um den Handel zu befördern; Erschließung des Oderbruchs durch Entwässerungsmaßnahmen und Gründung neuer Siedlungen
- Bevölkerung: Sicherstellung der Nahrungsversorgung durch den Anbau von Kartoffeln
- Bildung: allgemeine Schulpflicht eingeführt, bessere Ausbildung der Beamtenschaft
- Justiz: Schaffung von mehr Rechtssicherheit

KOHL VERLAG STATIONENLERNEN ABSOLUTISMUS "Der Staat bin ich ..." / Sekundarstufe – Bestell-Nr. 12 098

Preußens Außenpolitik

Deutscher Absolutismus

Preußen war zur Zeit Friedrichs II. ein Militärstaat. Die preußische Armee besaß 83.000 Soldaten und war die viertgrößte Armee in Europa. 80% der Staatsausgaben wurden für die Unterhaltung des Heeres aufgebracht.

Friedrich der Große führte zahlreiche Kriege. Daher ließ der Monarch überall im Land Kasernen errichten. Den Befehlen der Offiziere mussten die Soldaten bedingungslos folgen. Taten sie es nicht, wurden sie hart bestraft. Um den hohen Bedarf an Soldaten zu decken, zogen Werber durch das Land. Sie schreckten auch nicht davor zurück, Männer betrunken zu machen, um sie dann für den Soldatendienst unterschreiben zu lassen.

1740 griff Friedrich Schlesien an, welches zu Österreich gehörte. Dort gab es große Kohlevorräte, die von besonderem Interesse waren. Es folgten noch zwei weitere schlesische Kriege, wobei der 3. Krieg als der Siebenjährige Krieg in die Geschichte einging. Mit Geschick und sehr viel Glück konnte Friedrich sein Reich vergrößern und militärisch absichern. Die andere Seite der Kriegsmedaille bestand darin, dass über 220.000 Soldaten in den Kriegen starben, zahlreiche Städte und Dörfer zerstört wurden und die Menschen in Preußen hungerten.

Preußen stieg zur zweiten europäischen Großmacht neben Österreich auf. Dieser Gegensatz zwischen Preußen und Österreich bestimmt auch die weitere deutsche Geschichte im 19. Jahrhundert. Historiker sprechen vom österreichisch-preußischen Dualismus.

Aufgabe 1: *„Preußen – ein Militärstaat". Erkläre diese Aussage.*

Aufgabe 2: *Beschreibe die Folgewirkungen der drei Schlesischen Kriege.*

KOHL VERLAG STATIONENLERNEN ABSOLUTISMUS "Der Staat bin ich ..." / Sekundarstufe – Bestell-Nr. 12 098

Aufgeklärter Absolutismus !

Deutscher Absolutismus

Historiker streiten darüber, wie die Regierungspolitik Friedrich II. zu bewerten sei.

Einige von ihnen betonen insbesondere, dass seine Politik von dem abwich, was er selbst über Politik in seinen Büchern schrieb. Viele seiner Reformmaßnahmen, die auf aufklärerischen Ideen bauten, waren vor allem Maßnahmen der eigenen Machtabsicherung. Weiterhin wird ihm vorgeworfen, dass viele seiner Ideen von seinen Vorgängern initiiert wurden, er also keine neue Politik eingeschlagen habe. Vor allem aber hat Friedrich die Macht des Adels kaum angetastet.

Die anderen Historiker betonen aber vor allem die Reformen im Justizwesen. So wurde der Strafvollzug unter Friedrich II. humaner und die Folter schließlich von ihm abgeschafft. Tatsächlich hat Friedrich immer wieder versucht, Ideen der Aufklärung umzusetzen. Deshalb stand er vor allem in Kontakt mit vielen Denkern der Aufklärung (z. B. Voltaire), um an den philosophischen Diskussionen teilzunehmen und sich nach aufklärerischen Maßstäben selbst zu hinterfragen.

Die Frage, ob Friedrich der Große nun mehr Absolutist oder Aufklärer gewesen sei, bleibt weiterhin kontrovers umstritten.

Aufgabe 1: *Stelle die Historikerdiskussion um die Bewertung Friedrichs dar. War Friedrich ein Aufklärer?*

Aufgabe 2: *Erkläre den weitläufig benutzten Begriff „Aufgeklärter Absolutismus".*

Aufgabe 3: *Nimm selbst zur Kontroverse Stellung.*

KOHL VERLAG STATIONENLERNEN ABSOLUTISMUS "Der Staat bin ich ..." / Sekundarstufe – Bestell-Nr. 12 098

Preußens Außenpolitik

Deutscher Absolutismus

Lösungen

Aufgabe 1: Die Aufstellung und die Ausbildung einer modernen Armee sowie der bedingungslose Gehorsam waren Kennzeichen des preußischen Staates. Durch die drei Kriege war der Bedarf an Soldaten enorm groß. Dazu zogen eigens Werber durch das Land und schreckten von Täuschung nicht zurück, um Soldaten zu rekrutieren. Überall im Land entstanden Kasernen, die der Ausbildung und Stationierung der Soldaten dienten. Friedrich der Große war stets in Militäruniform unterwegs.

Aufgabe 2: Durch die drei Schlesischen Kriege starben 220.000 Soldaten und es wurden große Landstriche in Preußen zerstört. Sehr große Teile der Bevölkerung hungerten. Auf der anderen Seite gelang es Preußen, siegreich zu sein und dadurch das eigene Territorium beachtlich zu erweitern. Besonders Schlesien mit seinen Kohlevorkommen konnte gesichert werden. Preußen stieg zu einer europäischen Großmacht auf. Fortan bestand aber der Gegensatz zu Österreich, der das kommende Jahrhundert beeinflussen sollte.

Aufgeklärter Absolutismus

!

Deutscher Absolutismus

Lösungen

Aufgabe 1: Die Historiker streiten darüber, wie das Spannungsfeld Aufklärung – Absolutismus bei Friedrich zu bewerten sei, dazu führen sie unterschiedliche Argumente an:

Aufklärung	Absolutismus
Humaner Strafvollzug	Reformen zielten vor allem auf die eigene Machtabsicherung
Abschaffung der Folter	Viele Reformen waren in der Anlage bereits bei den königlichen Vorgängern angelegt
Teilnahme an philosophischen Diskussionen	Macht des Adels wurde nicht angetastet
Reflexion des eigenen Tuns	

Aufgabe 2: Im Begriff „Aufgeklärter Absolutismus“ wird versucht, das Spannungsfeld deutlich zu machen. Die Politik Friedrich des Großen ist sowohl durch absolutistische als auch aufklärerische Maßnahmen/Instrumente gekennzeichnet.

Aufgabe 3: Individuelle Lösungen

KOHL VERLAG STATIONENLERNEN ABSOLUTISMUS "Der Staat bin ich ..." / Sekundarstufe – Bestell-Nr. 12 098

„Regierungsformen und Herrscherpflichten“

!

Deutscher Absolutismus

Im Jahre 1777 veröffentlichte Friedrich II. seine Schrift „Regierungsformen und Herrscherpflichten“, in der er sein Verständnis von Herrschaft und wie sich diese im Laufe der Zeit entwickelte, darlegte:

„[...] Die große Wahrheit, dass wir gegen die anderen so handeln sollen, wie wir von ihnen behandelt zu werden wünschen, wird zur Grundlage der Gesetze und des Gesellschaftsvertrags. Hier ist der Ursprung der Liebe zum Vaterland, in dem wir das Obdach unseres Glückes erblicken. Da jedoch die Gesetze ohne unaufhörliche Überwachung weder fortbestehen noch Anwendung finden konnten, so bildeten sich Obrigkeiten heraus, die das Volk erwählte und denen es sich unterordnete. Man präge sich dies wohl ein: Die Aufrechterhaltung der Gesetze war der einzige Grund, der die Menschen bewog, sich Obere zu geben; denn das bedeutet den wahren Ursprung der Herrschergewalt. Ihr Inhaber war der erste Diener des Staates. Hatten die Volksgemeinschaften im Entstehen etwas von den Nachbarn zu befürchten, so bewaffnete dies Oberhaupt das Volk und setzte schleunig die Verteidigung der Bürger ins Werk [...].“

„[...] Wir haben gesehen, dass die Bürger einem ihresgleichen immer nur darum den Vorrang vor allen zugestanden, weil sie Gegendienste von ihm erwarteten. Diese Dienste bestehen im Aufrechterhalten der Gesetze, in unbestechlicher Pflege der Gerechtigkeit, in kraftvollstem Widerstand gegen die Sittenverderbnis, im Verteidigen des Staates gegen seine Feinde. Der Staatslenker muss sein Augenmerk auf die Bodennutzung gerichtet halten, er muss für reichliche Beschaffung von Lebensmitteln Sorge tragen, muss Handel und Gewerbe fördern. Er gleicht einer ständigen Schildwache, die über die Nachbarn und das Verhalten der Feinde zu wachen hat. Von ihm wird verlangt, dass er mit weitblickender Klugheit zur rechten Zeit Verbindungen anknüpfe und Bundesgenossen wähle, wie sie den Interessen seines Gemeinwesens am zuträglichsten sind. Man erkennt aus dieser kurzen Übersicht, welche Fülle besonderer Kenntnisse jeder einzelne dieser Gegenstände erfordert. Und damit muss sich noch ein gründliches Studium der Landesbeschaffenheit und genaue Kenntnis des Geistes der Bevölkerung verbinden. Denn der Herrscher macht sich ebenso schuldig, wenn er aus Unkenntnis fehlt, wie wenn er es aus böser Absicht tun würde: das eine Mal sind es Fehler aus Trägheit, das andere Mal Gebrechen des Herzens; allein das Übel, das dem Gemeinwesen daraus erwächst, ist beide Male dasselbe.

Die Fürsten, die Herrscher, die Könige sind also nicht etwa deshalb mit der höchsten Macht bekleidet worden, damit sie ungestraft in Ausschweifung und Luxus aufgehen könnten. Sie sind nicht zu dem Zweck über ihre Mitbürger erhoben worden, dass ihr Stolz in eitel Repräsentation sich brüste und der schlichten Sitten, der Armut, des Elends verächtlich spotte. Sie stehen keineswegs an der Spitze des Staates, um in ihrer Umgebung einen Schwarm von Nichtstuern zu unterhalten, die durch ihren Müßiggang und ihr unnützes Wesen alle Laster fordern [...].“

Aufgabe 1: *Beantworte folgende Fragen:*

a) Warum ordnen sich Menschen laut Friedrich einem Herrscher unter?

b) Welche Aufgaben scheibt Friedrich einem Herrscher zu?

Aufgabe 2: *Wie hätte wohl Ludwig XIV., wenn er noch gelebt hätte, auf diese Schrift reagiert?*

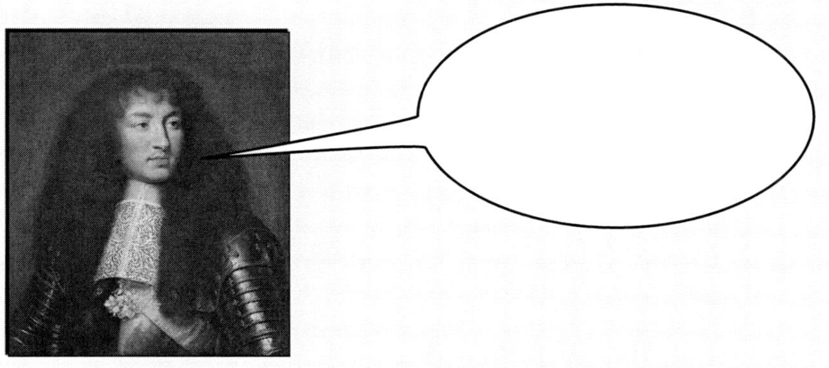

KOHL VERLAG STATIONENLERNEN ABSOLUTISMUS "Der Staat bin ich ..." / Sekundarstufe – Bestell-Nr. 12 098

„Regierungsformen und Herrscherpflichten“ !

Lösungen

Aufgabe 1: **a)** Im Laufe der Geschichte bildeten sich Herrschaften heraus, weil Menschen jemanden brauchten, der für die Aufrechterhaltung der Gesetze sorgte. Denn wenn Gesetze nicht überwacht werden, sind sie wirkungslos. In der Aufrechterhaltung der Gesetze sieht Friedrich den „wahren Ursprung der Herrschergewalt“, also die einzige Legitimation für die Macht eines Herrschers.

b)
- Aufrechterhalten der Gesetze
- Pflege für Gerechtigkeit
- Verteidigung des Staates gegen Feinde
- Beschaffung von Lebensmitteln
- Förderung von Handel und Gewerbe
- im Interesse des Gemeinwesens handeln
- den Geist der Bevölkerung kennen

Aufgabe 2: Individuelle Lösungen

STATIONENLERNEN ABSOLUTISMUS "Der Staat bin ich ..." / Sekundarstufe – Bestell-Nr. 12 098

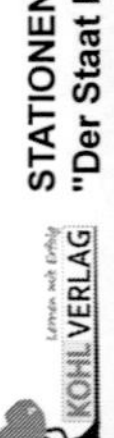

Absolutismus in Sachsen

1694 wurde Friedrich August I. (1670 – 1733) unverhofft Kurfürst von Sachsen, sein älterer Bruder war kinderlos verstorben. 1697 erweiterte er geschickt und bestechend seine Macht, indem er die Königskrone von Polen erwerben konnte. Er ging als August der Starke in die Geschichte ein. Besonders sein luxuriöses Hofleben in Dresden verschlang Unsummen an Staatsgeldern. Um diese Ausgaben zu finanzieren schuf er über 30 Porzellanmanufakturen in Sachsen. Deren bedeutendste wurde 1710 in Meißen gegründet und existiert noch heute. Das Meißener Porzellan ist ein Exportschlager. Der Handel mit Porzellan wurde durch eine rege Straßenbautätigkeit weiter gefördert.

Gemälde von Friedrich August I.

Der Kurfürst war aber auch für seine Bautätigkeiten berühmt. Zahlreiche Barockschlösser zeugen noch heute von dieser Kunstleistung, so der Dresdner Zwinger, das Residenzschloss sowie die Frauenkirche. Millionen von Touristen bestaunen noch heute die Gemälde- und Porzellansammlung, die August der Starke zusammentragen ließ.

Das Kronentor des Dresdner Zwingers

Sein Land ließ er reformieren und schuf eine moderne Staatsverwaltung. Dabei war die wichtigste Maßnahme Augusts die Errichtung eines „Geheimen Kabinetts" 1706. Es gab nun je einen Minister für auswärtige, innere und militärische Angelegenheiten, die den König berieten. So gelang es dem Kurfürsten, den Einfluss der Stände so weit zurückzudrängen, dass alle wichtigen Entscheidungen bei ihm lagen. Dadurch entstand in Sachsen ein Absolutismus besonderer Prägung.

Aufgabe 1: *Verbinde, was zusammengehört.*

1. 1694	a) Friedrich August I. errichtet das „Geheime Kabinett"
2. 1670	b) Friedrich August I. wird zugleich König von Polen
3. 1697	c) Geburt von Friedrich August I.
4. 1706	d) Gründung der ersten Porzellanmanufaktur in Meißen
5. 1710	e) Tod von Friedrich August I.
6. 1733	f) Friedrich August I. wird Kurfürst von Sachsen

Aufgabe 2: *Beschreibe die kulturellen Errungenschaften August des Starken.*

Aufgabe 3: *Erkläre die Modernisierung der Staatsverwaltung, die der Kurfürst umsetzte.*

STATIONENLERNEN ABSOLUTISMUS – Bestell-Nr. 12 098
"Der Staat bin ich ..." / Sekundarstufe

KOHL VERLAG

Absolutismus in Sachsen

Lösungen

Aufgabe 1: **1. – c); 2. – f); 3. – b); 4. – a); 5. – d); 6. – e)**

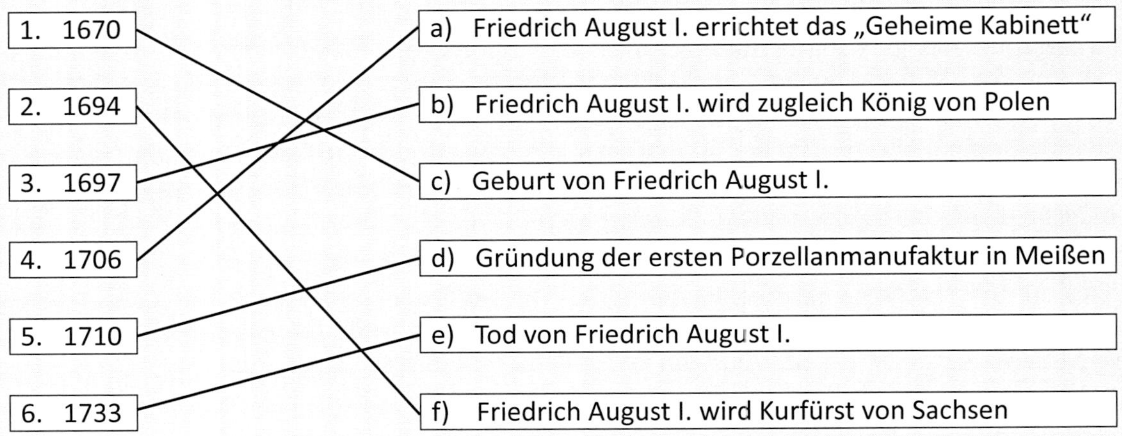

Aufgabe 2: August der Starke ließ das sächsische Porzellanmanufakturwesen erblühen. Über 30 Manufakturen spezialisierten sich. Das Meißener Porzellan ist ein bedeutendes Beispiel hierfür. Gleichzeitig ließ der Kurfürst zahlreiche Bauwerke im Stile des Barocks erbauen. Insbesondere in der sächsischen Landeshauptstadt Dresden sind sie noch heute Anziehungspunkte für Millionen von Touristen. Die Gemäldesammlung ist weltweit bekannt.

Aufgabe 3: August der Starke ließ seine Staatsverwaltung modernisieren. So schuf er erstmalig Ministerien für Inneres, Äußeres und für das Militär. Diese berieten den Kurfürst in seiner Politik. Durch das „geheime Kabinett“ konnte er sich vom Einfluss der Stände teilweise befreien.

Absolutismus in Österreich I

Absolutismus in anderen europäischen Staaten

Das Habsburgerreich war im 18. Jahrhundert ein riesiges Reich, in dem eine Vielzahl verschiedener Völker lebten: Deutsche, Tschechen, Slowaken, Ungarn, Serben und Italiener.

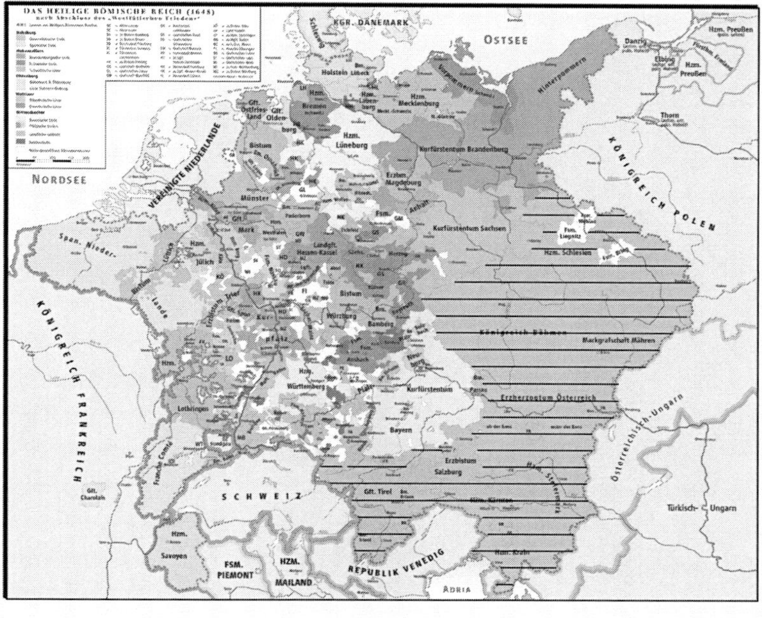

Aufgabe: *Beantworte die folgenden Fragen:*

a) *Was ist ein Vielvölkerstaat?*

b) *Welchen Herausforderungen muss sich ein Herrscher daher stellen, um erfolgreich regieren zu können?*

Absolutismus in Österreich II

!

Absolutismus in anderen europäischen Staaten

Im Habsburgerreich lebte eine Vielzahl verschiedener Völker. Deshalb war eine gute Staatsverwaltung notwendig, um diesen Vielvölkerstaat regieren zu können. Die Kaiserin Maria Theresia (1717-1780) leitete deshalb notwendige Reformen ein und zentralisierte die Macht in Wien.

Kaiserin Maria Theresia

Ähnlich wie in Preußen wurden Ministerien geschaffen, die konkrete Aufgaben erledigten. Z. B. schuf die Kaiserin das Amt für Justiz sowie für Außenpolitik. Außerdem verfügte die Kaiserin, dass der Adel sowie der Klerus Steuern zahlen mussten. Dadurch erhöhten sich die Staatseinnahmen. Eine große Menge der Steuern verwendete Maria Theresia für die Förderung der einheimischen Manufakturen sowie den Ausbau der Infrastruktur. So kam es in ihrer Regierungszeit zu einem großen Wirtschaftswachstum. Historiker nennen sie die große Reformerin. Im Gerichtswesen verbot die Kaiserin 1776 die bisher übliche Folter. Um das Leben der bäuerlichen Untertanen zu erleichtern, erlaubte die Kaiserin ihnen, Land zu erwerben und selbst zu bewirtschaften. Ihr Sohn hob später sogar die Leibeigenschaft auf. Dieser setzte auch die Religionsfreiheit um. Seine Mutter hielt ihr ganzes Leben zur katholischen Kirche als Staatsreligion. Aufgrund all dieser Reformen auf der einen Seite und ihres konservativen Denkens und Wirkens auf der anderen Seite wird Maria Theresias Herrschaft als aufgeklärter Absolutismus bezeichnet.

Aufgabe: *Beschreibe stichpunktartig die Reformen der Kaiserin und erkläre, wie dadurch die absolute Machtstellung gesichert wurde.*

STATIONENLERNEN ABSOLUTISMUS "Der Staat bin ich ..." / Sekundarstufe – Bestell-Nr. 12 098

Absolutismus in Österreich I 

Lösungen

Aufgabe:

a) Ein Vielvölkerstaat zeichnet sich dadurch aus, dass in ihm mehrere Völker vereint sind.

b) Dies stellt für die Verwaltung sowie das Regieren hohe Anforderungen, weil sehr unterschiedliche Kulturen, Religionen, Sprachen, Traditionen miteinander konkurrieren.

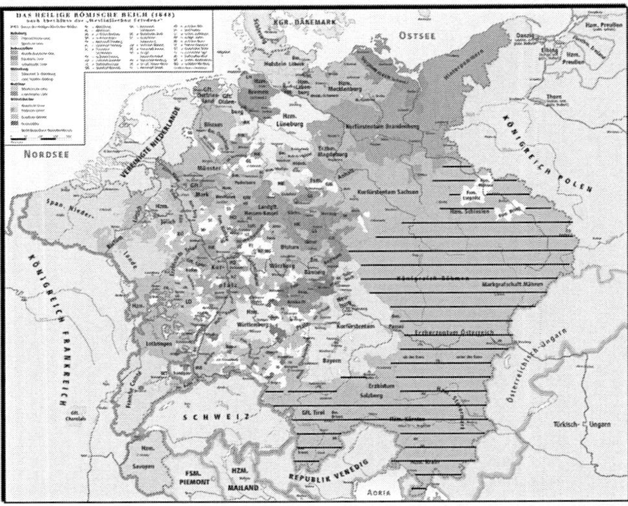

STATIONENLERNEN ABSOLUTISMUS "Der Staat bin ich ..." / Sekundarstufe – Bestell-Nr. 12 098
KOHL VERLAG

Absolutismus in anderen europäischen Staaten

Absolutismus in Österreich II !

Lösungen

Aufgabe:

⇨ **Verwaltung: Schaffung von Ministerien mit konkreten Aufgabengebieten**

⇨ **Steuer: Adel und Klerus müssen Steuern zahlen**

⇨ **Wirtschaft: Förderung des Manufakturwesens sowie Ausbau der Infrastruktur**

⇨ **Justiz: Abschaffung der Folter, bäuerliches Recht auf Landerwerb**

Mit allen Maßnahmen zentralisiert und verbessert die Kaiserin die Verwaltungsstrukturen des Vielvölkerstaates. Gleichzeitig erhöht sie die Staatseinnahmen und schafft Arbeitsmöglichkeiten durch Investitionen. Durch die Justizreformen erhöht die Kaiserin die Zustimmung des 3. Standes.

STATIONENLERNEN ABSOLUTISMUS "Der Staat bin ich ..." / Sekundarstufe – Bestell-Nr. 12 098
KOHL VERLAG

Absolutismus in Russland

!

Zar Peter I., der Große

1689 übernahm Peter (1672-1725) die Macht in Russland. Er stellte bei seinen Reisen fest, dass sein Land im Gegensatz zu den europäischen Staaten sehr rückständig war. Deshalb veranlasste er, dass ausgewählte Adlige in diese Länder reisten und dort studierten. Auch er reiste unerkannt durch Europa, um sich Ideen für Reformen zu holen. Seine Reformen öffneten das russische Reich Richtung Westen und sie brachten ihm den Beinamen „der Große" ein. Peter der Große gestaltete sein Land nach dem absolutistischen Vorbild der europäischen Staaten um. Er schuf 1712 in Sankt Petersburg das neue Machtzentrum und verlegte seinen Sitz von Moskau hierher. Wegen der prachtvollen Bauten nannte man die Stadt auch „Venedig des Nordens". Er unterstützte die Naturwissenschaften und die Künste. Dazu lud er bedeutende Wissenschaftler, Handwerker, Künstler und Offiziere aus anderen Ländern an den Zarenhof. Sie erhielten zahlreiche Privilegien und konnten ihre Religion frei ausüben. Er führte den julianischen Kalender ein und eine neue Schrift. Peter der Große baute die Verwaltung nach europäischen Maßstäben aus und modernisierte seine Armee. Diese Reformen kosteten jedoch sehr viel Geld. Die russische Bevölkerung des dritten Standes musste hohe Steuern zahlen. Sogar eine Steuer auf Bärte wurde eingeführt. Denn eine Neuerung war, dass alle Russen ihre Bärte abzuschneiden hatten. Das fiel einigen doch sehr schwer und sie zahlten lieber Steuern. Peter erließ hohe Zölle auf ausländische Waren und förderte das einheimische Manufakturwesen. Gleichzeitig wurden vor allem Wasserstraßen ausgebaut, um den Handel im Land zu fördern. Am wenigsten Nutzen hatte die bäuerliche Bevölkerung von den Reformen, obwohl sie 95% der Bevölkerung ausmachte. Während die Macht des Adels in Russland wuchs, blieben die Bauern in ihrer Leibeigenschaft gefangen.

Innerhalb von 30 Jahren schuf Peter der Große eine europäische Großmacht. Aufgrund der hohen Umsetzungsgeschwindigkeit und der Härte der Reformen war Peter im eigenen Land nicht sehr beliebt.

Aufgabe 1: *Vervollständige die folgenden Satzanfänge.*

a) Im Vergleich zu anderen europäischen Staaten ...

b) Peter der Große setzte absolutistische Ideen um, indem ...

c) Die Kosten für die Reformen ...

d) Auch Peter setzte das Wirtschaftssystem des Merkantilismus um, indem ...

Aufgabe 2: *Erkläre den Satz „Peter der Große öffnete Russland Richtung Westen".*

Aufgabe 3: *Diskutiere die hohe Reformgeschwindigkeit Peters.*

Absolutismus in Russland

!

Lösungen

Aufgabe 1: Mögliche Lösung:

a) ... war Russland im 18. Jahrhundert sehr rückständig.

b) ... er beispielsweise ein neues Machtzentrum (in Sankt Petersburg) schuf.

c) ... trug vor allem der dritte Stand, indem er hohe Steuern bezahlen musste.

d) ... er hohe Zölle auf ausländische Waren erließ und das einheimische Manufakturwesen sowie den Handel im Land förderte.

Aufgabe 2: Russland war zur Zeit des Machtantritts sehr rückständig und vom europäischen Machtgefüge abgeschnitten. Diesen Zustand wollte Peter der Große schnellstmöglich ändern. Dazu schickte er sowohl Gesandte in die europäischen Staaten und lud wichtige Menschen aus der Wissenschaft, Kultur, Handwerk sowie Militär nach Russland ein. Er kopierte die Reformen der europäischen Länder und modernisierte Russland in sehr kurzer Zeit. Innerhalb von 30 Jahren erreichte Peter der Große den Anschluss an Europa und schuf eine Großmacht.

Aufgabe 3: Peter wollte in möglichst kurzer Zeit seinen Staat modernisieren. Dazu nutze er das wissenschaftliche und technische Knowhow der anderen europäischen Staaten. Mit vielen abgestimmten Reformen ist es möglich, schnell Erfolge zu erreichen. Gleichzeitig kann die Reformgeschwindigkeit einen großen Teil der Betroffenen überfordern und zu Ablehnung und Widerstand führen.

KOHL VERLAG STATIONENLERNEN ABSOLUTISMUS "Der Staat bin ich ..." / Sekundarstufe – Bestell-Nr. 12 098

Architektur des Barock

Kultur

Barock bezeichnet eine geschichtliche Epoche von ca. 1575 bis 1770. Sie umfasst insbesondere die Architektur, Malerei, Musik sowie die Literatur. Alle Bereiche besitzen gemeinsame Kennzeichen und unterscheiden sich zu früheren (Renaissance) und späteren (Rokoko) Kunstepochen.

Die Architektur des Barock entstand in Italien und zeigte sich im Bau vieler Kirchen und Kathedralen vor allem in Rom. Dieser Baustil verbreitete sich schnell über ganz Europa und erreichte auch einige Kolonien. Die im Zeitalter des Barocks gebauten Kirchen, Paläste und Gärten haben häufig gewaltige Ausmaße und drücken leidenschaftliche Bewegtheit aus. Besonders die neben barocken Schlössern großzügig angelegten Gartenanlagen sind ein Merkmal des Barock. Die Gartenkunst wurde durch die Franzosen geprägt, daher stammt auch der Begriff Französischer Garten. Weitere Kennzeichen barocker Bauwerke sind besonders schwingende Formen, Kuppeln und Säulengruppen. Die Wände und Decken sind oftmals reich mit Stuck verziert. Der Betrachter soll beeindruckt werden, Schmuck und Verzierungen stehen deshalb im Vordergrund.

Typische Schlösser des Barocks sind das Schloss Versailles, das Schloss Sanssouci in Potsdam, der Dresdner Zwinger sowie das Nymphenburger Schloss in München. Ein bekanntes Beispiel für eine Parkanlage jener Zeit sind die Herrenhäuser Gärten in Hannover.

Aufgabe 1: *Platziere die drei genannten Kunstepochen auf einem Zeitstrahl.*

Aufgabe 2: *Nenne typische Kennzeichen der barocken Architektur.*

KOHL VERLAG Lernen mit Erfolg
STATIONENLERNEN ABSOLUTISMUS "Der Staat bin ich ..." / Sekundarstufe – Bestell-Nr. 12 098

Berühmte Gebäude des Barock

Kultur

Aufgabe: *Verbinde, was zusammengehört. Recherchiere notfalls im Internet.*

a) Dom in Fulda

b) Winterpalast in St. Petersburg

c) Salzburger Dom

d) Schloss Nymphenburg (Münschen)

1.

2.

3.

4.

Architektur des Barock

Kultur

Lösungen

Aufgabe 1:

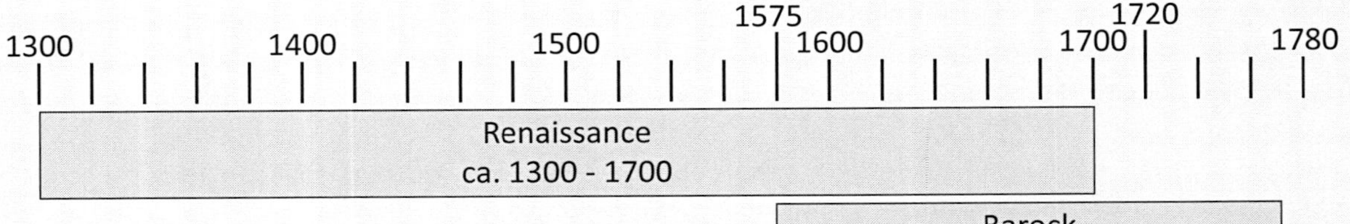

Barock
1575 - 1770

Rokoko
ca. 1720 - 1780

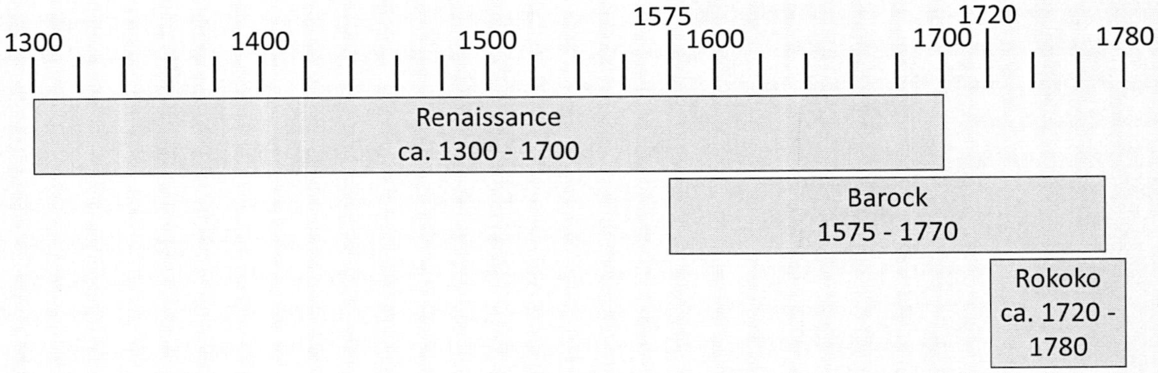

Aufgabe 2: Die Bauwerke des Barock sind sehr pompös und luxuriös. Die Schlösser besaßen großangelegte Parkanlagen. Weitere Kennzeichen barocker Bauwerke sind besonders schwingende Formen, Kuppeln und Säulengruppen. Die Wände und Decken sind oftmals reich mit Stuck verziert

Architektur des Barock

Kultur

Lösungen

Aufgabe: 1. – a); 2. – c); 3. – d); 4. – b)

a) Dom in Fulda

b) Winterpalast in St. Petersburg

c) Salzburger Dom

d) Schloss Nymphenburg (Münschen)

1.

2.

3.

4.

STATIONENLERNEN ABSOLUTISMUS "Der Staat bin ich ..." / Sekundarstufe – Bestell-Nr. 12 098
KOHL VERLAG

Komponisten des Barock

Kultur

Die Musik des Barock wurde vom pracht- und prunkvollen Zeitgeist dieser Epoche bestimmt. Die Komponisten schrieben für ihr Publikum pompöse Opern und Melodien. In der Musik der Barockzeit versuchte man die verschiedenen menschlichen Stimmungen zum Ausdruck zu bringen und die Gefühle der Menschen zu berühren. Hierzu wurden viele Instrumente neu erfunden, die noch heute in veränderter Form benutzt werden, so z.B. die Oboe oder das Fagott.

Gemälde von Johann Sebastian Bach, 1748

Aufgabe 1: *Nenne die drei wesentlichen Kennzeichen der barocken Musik.*

Aufgabe 2: *Informiere dich über einen Barockkomponisten (z.B. Johann Sebastian Bach, Georg Friedrich Händel, Antonio Lucio Vivaldi) und erstelle einen Steckbrief über ihn. Du kannst dich an dem Beispiel orientieren.*

Name

Geburtsjahr: ____________

Geburtsort: ____________

Arbeitsorte/
Aufenthaltsorte: ____________

____

____

Berühmte Werke: ____________

Todesjahr: ____________

KOHL VERLAG STATIONENLERNEN ABSOLUTISMUS "Der Staat bin ich ..." / Sekundarstufe – Bestell-Nr. 12 098

Musik des Barock

Kultur

In der Musik unterscheidet man zwischen dem Frühbarock (1600-1650), dem Hochbarock (1650-1710) sowie dem Spätbarock (1710-1750). Im Frühbarock dominierte der italienische Einfluss. Besonders Claudio Monteverdi, sowie der Venezianer Giovanni Gabrieli waren die bedeutendsten Vertreter dieser Phase. Im Hochbarock prägte Jean-Baptiste Lully am Hofe Ludwigs XIV. die Musikrichtung. Somit setzte sich die französische Prägung in ganz Europa durch. Bach, Vivaldi und Händel sind Repräsentanten des Spätbarock. Diese Zeit ist geprägt durch vielfältige, regional unterschiedliche Musikentwicklungen. Jedoch nicht nur die Musik passte sich der Epoche an. Auch die Darbietungsformen entsprachen dem Lebensstil des Barock. In den Residenzen der Könige diente die Musik nicht nur zur Unterhaltung, sondern auch der Machtdarstellung.

Gemälde von Jean-Baptiste Lully

Aufgabe: *Zeichne eine Tabelle und stelle die Unterschiede der drei Barockphasen dar.*

	Frühbarock	Hochbarock	Spätbarock
Zeitepoche			
Prägung durch...			
Typische Vertreter			

KOHL VERLAG STATIONENLERNEN ABSOLUTISMUS "Der Staat bin ich ..." / Sekundarstufe – Bestell-Nr. 12 098

Komponisten des Barock

Kultur

Lösungen

Aufgabe 1:

1. Der prunkvolle Zeitgeist prägte die Musik
2. Opern und Melodien repräsentieren die vielfältigen Gefühle und Stimmungen von Menschen und möchten emotional berühren
3. Neue Instrumente wurden erfunden z.B. Oboe und Fagott

Aufgabe 2: Mögliche Lösung:

Johann Sebastian Bach

Geburtsjahr: 1685

Geburtsort: Eisenach

Arbeits- und Aufenthaltsorte:
1703 Organist in Arnstadt
1705 Reise nach Lübeck
1707 Organist in Mühlhausen
1708 Hof in Weimar
1717 Hofkapellmeister in Köthen
1723 Thomaskantor in Leipzig

Berühmte Werke:
- h-Moll-Messe
- Johannes-Passion
- Matthäus-Passion
- Weihnachtsoratorium

Todesjahr: 1750 (in Leipzig)

STATIONENLERNEN ABSOLUTISMUS "Der Staat bin ich ..." / Sekundarstufe – Bestell-Nr. 12 098

Musik des Barock

Kultur

Lösungen

Aufgabe:

	Frühbarock	Hochbarock	Spätbarock
Zeitepoche	1600 – 1650	1650 – 1710	1710 – 1750
Prägung durch...	Italien	Frankreich	Regionen
Typische Vertreter	Monteverdi, Gabrieli	Lully	Bach, Vivaldi, Händel

STATIONENLERNEN ABSOLUTISMUS "Der Staat bin ich ..." / Sekundarstufe – Bestell-Nr. 12 098

Literatur des Barock

!

Kultur

Die Literatur des Barock umfasst die Jahre 1600 bis 1720. Sie wurde durch die Zeit mit ihren vielen Gegensätzen geprägt. Man spricht deshalb von der Antithetik. Dies bedeutet, dass die Menschen ihre Welt als gegensätzlich und widersprüchlich wahrnahmen. So wütete die Pest und der Dreißigjährige Krieg in Europa und brachte Tod und Leid. Das luxuriöse Leben der absoluten Herrscher stand im Widerspruch hierzu. Die Menschen waren hin- und hergerissen zwischen den Gegensätzen aus Leben und Tod, Spiel und Ernst, Ewigkeit und Zeit.

Portrait von Andreas Gryphius

In der Literatur dieser Zeit spielen drei Motive eine besondere Rolle:

carpe diem

„Genieße den Tag" - In diesen Werken geht es darum, fröhlich zu sein und das Leben zu genießen. „Das Leben ist kurz, mach das Beste daraus!", so beschreibt Martin Opitz in seinem Gedicht „Carpe Diem" dieses Motiv.

Memento Mori

„Bedenke, dass du stirbst" - In diesen Werken wird das Todesbewusstsein thematisiert. Es bezieht sich mehr auf den Tod und das Sterben als auf das Leben. „Thränen des Vaterlandes" von Andreas Gryphius behandelt dieses Motiv.

Vanitas

„Vergänglichkeit der Welt" - In diesen Werken steht der allgemeine Verfall im Mittelpunkt der Dichter. Dieses Thema verbanden die Dichter mit Darstellungen von Schönheit und Eitelkeit. Aus dem Kontrast entstand das Bild einer Lust am Leid. Schädel, Ruinen, die Kerze und ihr verlöschendes Licht, Tabak und das Rauchen symbolisierten Vergänglichkeit und Verfall. Luxusgüter wie Schmuck, teure Speisen und seltene Tieren hingegen symbolisierten Eitelkeit und Schönheit. „Es ist alles eitel" von Gryphius behandelt dieses Motiv.

<u>Aufgabe 1</u>: *Erkläre den Begriff Antithetik und ordne diesen Dualismus historisch in die Zeit ein.*

<u>Aufgabe 2</u>: *Fülle die Tabelle, die die drei Motive miteinander vergleicht, aus.*

	carpe diem	Memento Mori	Vanitas
Motiv			
Repräsentanten			
Werke			

STATIONENLERNEN ABSOLUTISMUS – Bestell-Nr. 12 098
"Der Staat bin ich ..." / Sekundarstufe
KOHL VERLAG

Literatur des Barock

!

Kultur

Lösungen

Aufgabe 1: Antithetik bezeichnet die häufige Verwendung inhaltlicher Gegensätze in der Literatur des Barocks. Ziel dabei war es, den Zwiespalt des Menschen mit der Natur, Gott oder der Welt darzustellen. Die Betonung von Gegensätzen ist mit der damaligen Zeit zu erklären. Einerseits mussten die Menschen die Folgen der Pest sowie der Kriege ertragen, anderseits sahen sie das luxuriöse Leben der absoluten Herrscher.

Aufgabe 2:

	carpe diem	Memento Mori	Vanitas
Motiv	Das Leben zu genießen.	Sich dem Tod bewusst sein.	Vergänglichkeit und Verfall
Repräsentanten	Opitz	Gryphius	Gryphius
Werke	Carpe diem	Thränen des Vaterlandes	Es ist alles eitel

KOHL VERLAG STATIONENLERNEN ABSOLUTISMUS "Der Staat bin ich ..." / Sekundarstufe – Bestell-Nr. 12 098

Ludwigs Vermächtnis 

Aufgabe 1: *Fülle die Lücken im Text mit Hilfe der folgenden Begriffe:*

Manufakturen – Außenpolitik – innenpolitischen – Ludwig XIV. – erblühte – Luxus – Beamte – Seemacht – Hugenotten – Sprache – Frankreich – Kriege – Steuern – Künste

______________________ starb am 1. September 1715 im Alter von 76 Jahren. Er hat in seiner Amtszeit seine größten Erfolge im Bereich der ______________________ erzielen können. ____________________ war unter seiner Regentschaft ein mächtigeres und größeres Reich geworden. International war es als ________________ anerkannt. Frankreich stellte das wirtschaftliche und kulturelle Zentrum in Europa dar.

Seine wirtschaftlichen Reformen gehören zu den großen ______________________________ Leistungen. Die Förderung von _______________________, der Ausbau von Handelswegen, der Abbau von Zöllen innerhalb Frankreichs und die Einführung einheitlicher Maße und Gewichte waren entscheidende Impulse für die Wirtschaft in Frankreich. Sie ________________ und finanzierte somit den königlichen Wohlstand. An diesem konnten jedoch nicht alle Menschen teilhaben. Durch die hohen ______________, die auf dem dritten Stand lasteten, lebte weiterhin der größte Teil der Bevölkerung Frankreichs in Armut und Elend. Die ständigen ____________ verschärften die Not der Menschen. So wird verständlich, dass Zeitgenossen über den Tod des Königs schrieben, sie hätten Freudenfeiern bei den Bürgern und Bauern gesehen und miterlebt.

Ludwig konnte in seiner Regierungszeit die Zentralgewalt im Lande enorm stärken. Ihm untergebene ____________ verwalteten das Reich und machten das Königtum unabhängiger von regionalen Fürsten. Sie schufen ein effektives System, sodass regelmäßig Steuern erhoben wurden und den königlichen __________ sicherstellten. Zur Schattenseite seiner Herrschaft muss man die Verfolgung und Ausweisung der ____________________ zählen. Hierzu nutzte der König sein stehendes Heer, das zu jeder Zeit von ihm einsetzbar war. Ludwig förderte aus seinem absolutistischen Selbstverständnis heraus die ____________ in seinem Land. Die Musik, Malerei, Bildhauerei und Architektur erreichten in diesem Jahrhundert einen Höhepunkt und prägten die weiteren Kunstepochen. Die französische ______________ wurde im gesamten europäischen Raum an den Höfen der Fürsten und Könige gesprochen.

Heute noch wird der Sonnenkönig in Frankreich für seine Verdienste am Land verehrt und zählt zu den bedeutendsten Persönlichkeiten in der Geschichte.

Aufgabe 2: *Zähle die Erfolge des französischen Königs auf und unterscheide dabei nach innen- und außenpolitischen Leistungen.*

KOHL VERLAG
STATIONENLERNEN ABSOLUTISMUS
"Der Staat bin ich ..." / Sekundarstufe – Bestell-Nr. 12 098

Ludwigs Vermächtnis

Lösungen

Aufgabe 1: **Ludwig XIV.** starb am 1. September 1715 im Alter von 76 Jahren. Er hat in seiner Amtszeit seine größten Erfolge im Bereich der **Außenpolitik** erzielen können. **Frankreich** war unter seiner Regentschaft ein mächtigeres und größeres Reich geworden. International war es als **Seemacht** anerkannt. Frankreich stellte das wirtschaftliche und kulturelle Zentrum in Europa dar.

Seine wirtschaftlichen Reformen gehören zu den großen **innenpolitischen** Leistungen. Die Förderung von **Manufakturen**, der Ausbau von Handelswegen, der Abbau von Zöllen innerhalb Frankreichs und die Einführung einheitlicher Maße und Gewichte waren entscheidende Impulse für die Wirtschaft in Frankreich. Sie **erblühte** und finanzierte somit den königlichen Wohlstand. An diesem konnten jedoch nicht alle Menschen teilhaben. Durch die hohen **Steuern**, die auf dem dritten Stand lasteten, lebte weiterhin der größte Teil der Bevölkerung Frankreichs in Armut und Elend. Die ständigen **Kriege** verschärften die Not der Menschen. So wird verständlich, dass Zeitgenossen über den Tod des Königs schrieben, sie hätten Freudenfeiern bei den Bürgern und Bauern gesehen und miterlebt.

Ludwig konnte in seiner Regierungszeit die Zentralgewalt im Lande enorm stärken. Ihm untergebene **Beamte** verwalteten das Reich und machten das Königtum unabhängiger von regionalen Fürsten. Sie schufen ein effektives System, sodass regelmäßig Steuern erhoben wurden und den königlichen **Luxus** sicherstellten. Zur Schattenseite seiner Herrschaft muss man die Verfolgung und Ausweisung der **Hugenotten** zählen. Hierzu nutzte der König sein stehendes Heer, das zu jeder Zeit von ihm einsetzbar war. Ludwig förderte aus seinem absolutistischen Selbstverständnis heraus die **Künste** in seinem Land. Die Musik, Malerei, Bildhauerei und Architektur erreichten in diesem Jahrhundert einen Höhepunkt und prägten die weiteren Kunstepochen. Die französische **Sprache** wurde im gesamten europäischen Raum an den Höfen der Fürsten und Könige gesprochen.

Heute noch wird der Sonnenkönig in Frankreich für seine Verdienste am Land verehrt und zählt zu den bedeutendsten Persönlichkeiten in der Geschichte.

Aufgabe 2: Innenpolitische Erfolge: Förderung der Manufakturen, Ausbau von Handelswegen, Abbau von Zöllen im Inland, Einführung einheitlicher Maße und Gewichte, Stärkung der Zentralgewalt, effektiver Verwaltungsapparat mit Beamten, Förderung von Kunst und Kultur

Außenpolitische Erfolge: Vergrößerung und Sicherung des Reiches, neue Kolonien, mächtige Seemacht, wirtschaftliches und kulturelles Zentrum von Europa

KOHL VERLAG
STATIONENLERNEN ABSOLUTISMUS
"Der Staat bin ich ..." / Sekundarstufe – Bestell-Nr. 12 098

Moderner Staat !

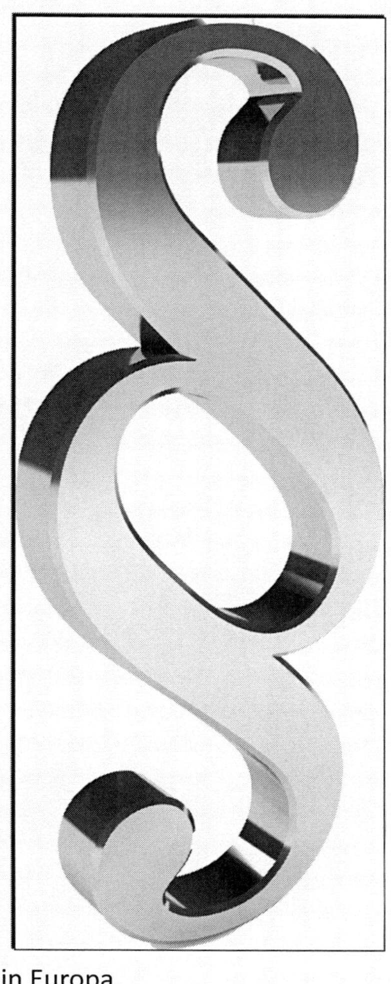

Das Zeitalter des Absolutismus leistete einen wesentlichen Beitrag bei der Entwicklung hin zu einem modernen Staat. Maßnahmen wie die Schaffung eines Verwaltungsapparates mit gut ausgebildeten Beamten, die die Gesetze umsetzten, waren notwendige Voraussetzungen für zentral geführte Territorialstaaten. Einheitliche Gesetze und Steuervorschriften unterstützten diesen Prozess. Die Beamten wurden in den Rechtswissenschaften an besonderen Schulen ausgebildet. Im heutigen Deutschland gibt es ebenso Verwaltungshochschulen, in denen die Staatsbeamten ausgebildet werden.

Der Sitz des absoluten Herrschers bildete das Zentrum der politischen, gesellschaftlichen und kulturellen Macht. In heutigen Staaten sind die Städte mit dem Regierungssitz ebenfalls Zentren der Machtausübung.

Heutige Regierungen vollziehen ebenso wie die Regenten des Absolutismus eine aktive Wirtschaftspolitik um die einheimische Wirtschaft zu entwickeln und zu fördern, einzig die Maßnahmen unterscheiden sich.

In der Verteidigungspolitik wurden Soldatenverbände geschaffen, die dauerhaft in Kasernen verweilten. Sie wurden hier einheitlich ausgebildet und ausgestattet. Das Heer wurde einerseits im Innern eingesetzt, hatte aber ebenso die Aufgabe die Grenzen des Territorialstaates zu beschützen und zu sichern. Diese Merkmale sind auch in vielen entwickelten Staaten heute sichtbar.

Trotz aller Errungenschaften war der Absolutismus eine diktatorische Herrschaftsform, in der der König alle Macht hatte und die große Masse des Volkes rechtlos war. In Frankreich fegte das Volk 1789 in der Französischen Revolution diese absolute Königsherrschaft hinweg. Dies war der Anfang vom Ende der unumschränkten Monarchien in Europa.

Aufgabe 1: *Markiere im Text die wichtigsten Informationen.*

Aufgabe 2: *Zähle stichpunktartig auf, in welchen staatlichen Bereichen die Entwicklungen im Zeitalter des Absolutismus das heutige Staatswesen beeinflussten.*

a. ____

b. ____

c. ____

Aufgabe 3: *Begründe, warum der Absolutismus als Herrschaftsform geringe Zukunftsaussichten besaß.*

KOHL VERLAG STATIONENLERNEN ABSOLUTISMUS "Der Staat bin ich ..." / Sekundarstufe – Bestell-Nr. 12 098

Moderner Staat

!

Lösungen

Aufgabe 1: Mögliche Lösung:

Verwaltungsapparates, Beamten, Gesetze umsetzten, einheitliche Gesetze, Steuervorschriften, ausgebildet

Sitz, Zentrum der politischen, gesellschaftlichen und kulturellen Macht, Regierungssitz

Wirtschaftspolitik, entwickeln und fördern

Verteidigungspolitik, Soldatenverbände, Kasernen, ausgebildet, im Inneren, Grenzen, beschützen und sichern

diktatorische Herrschaftsform, Macht, Masse des Volkes rechtlos, 1789, Französische Revolution, Ende der unumschränkten Monarchien in Europa

Aufgabe 2:

a. Verwaltung

b. Wirtschaftspolitik

c. Verteidigungspolitik

Aufgabe 3: Da der absolute Herrscher als Alleinherrscher regierte, gab es keinerlei politische Einflussmöglichkeiten des Volkes. Durch diesen Ausschluss werden Freiheit sowie Partizipation nicht ermöglicht. Die Geschichte zeigt deutlich, dass solche Herrschaftsformen nur über einen begrenzten Zeitraum existieren.

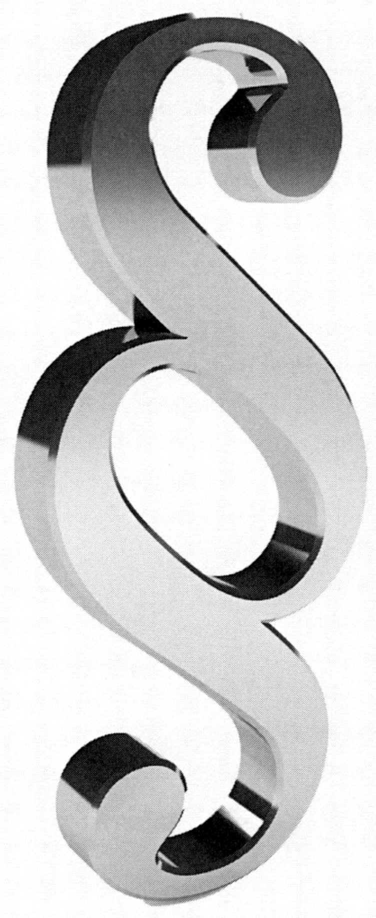

KOHL VERLAG STATIONENLERNEN ABSOLUTISMUS "Der Staat bin ich ..." / Sekundarstufe – Bestell-Nr. 12 098

Absolute Herrscher heute !

In der heutigen Zeit gibt es noch Länder, die absolut regiert werden.

In Brunei herrscht Sultan **Hassanal Bolkiah** seit 1967. Er ist Staatsoberhaupt, Premier-, Verteidigungs-, Außen-, Handels- und Finanzminister in einer Person und oberster Hüter der islamischen Staatsreligion. Sein Palast ist einer der größten der Welt und gleichzeitig der Regierungsort des Landes. Bolkiah lebt ein sehr luxuriöses Leben. Ihm gehört die größte Sport- und Luxuswagen-Sammlung der Welt. Es soll sich um 3000 bis 5000 Fahrzeuge handeln.

In Saudi-Arabien herrscht **Salman**. Er ist der König des Landes, der Premierminister sowie der Militäroberbefehlshaber. Zudem besitzt er als Hüter der Heiligen Stätten sehr viel Einfluss auf die Religion. Die Bürger des Landes besitzen keinerlei politische Mitspracherechte. Und damit sie diese auch nicht einfordern, hält das Königshaus das Volk mit viel Geld ruhig. Zu seiner Krönung verschenkte Salman 28 Milliarden Euro an sein Volk.

In Oman herrscht **Sultan Qabus** seit 1970. Qabus ist Premier-, Verteidigungs-, Finanz- und Außenminister sowie Präsident der Zentralbank Omans. Sultan Qabus verfügt über insgesamt acht königliche Palastanlagen sowie eine königliche Jacht. In Deutschland besitzt er eine Sommerresidenz in der Nähe von Garmisch-Partenkirchen. Man schätzt sein privates Vermögen auf 1,1 Milliarden Dollar.

In Katar herrscht **Abdullah bin Nasser bin Khalifa Al Thani** als absoluter Herrscher seit 2013. Der Emir ist zugleich Staatsoberhaupt und oberster Inhaber der exekutiven und legislativen Gewalt. Auch die Regierung ist ihm allein verantwortlich. Der Emir besitzt ca. 2,2 Milliarden Dollar und gönnt sich außerdem ganze Sportvereine und einen Rennstall. Er ist am Fußballverein Paris St. Germain beteiligt und einer der Hauptsponsoren des FC Barcelona. Der König besitzt 600 der edelsten Araber-Pferde mit einem Wert von jeweils mindestens 200 000 Dollar.

In Swasiland herrscht König **Mswati III.** seit 1986. Mswati verbot dem Parlament jedwede politische Aktivität, alle politischen Parteien sind verboten. Er führt ein extravagantes Luxusleben mit seinen vielen Frauen. Er besitzt selbst über 50 Millionen Dollar, aber Swasiland ist eines der ärmsten Länder der Welt.

Aufgabe 1: *Stelle die Gemeinsamkeiten der absoluten Herrscher dar.*

Aufgabe 2: *Trage die Länder mit den absoluten Herrschern in die Weltkarte ein.*

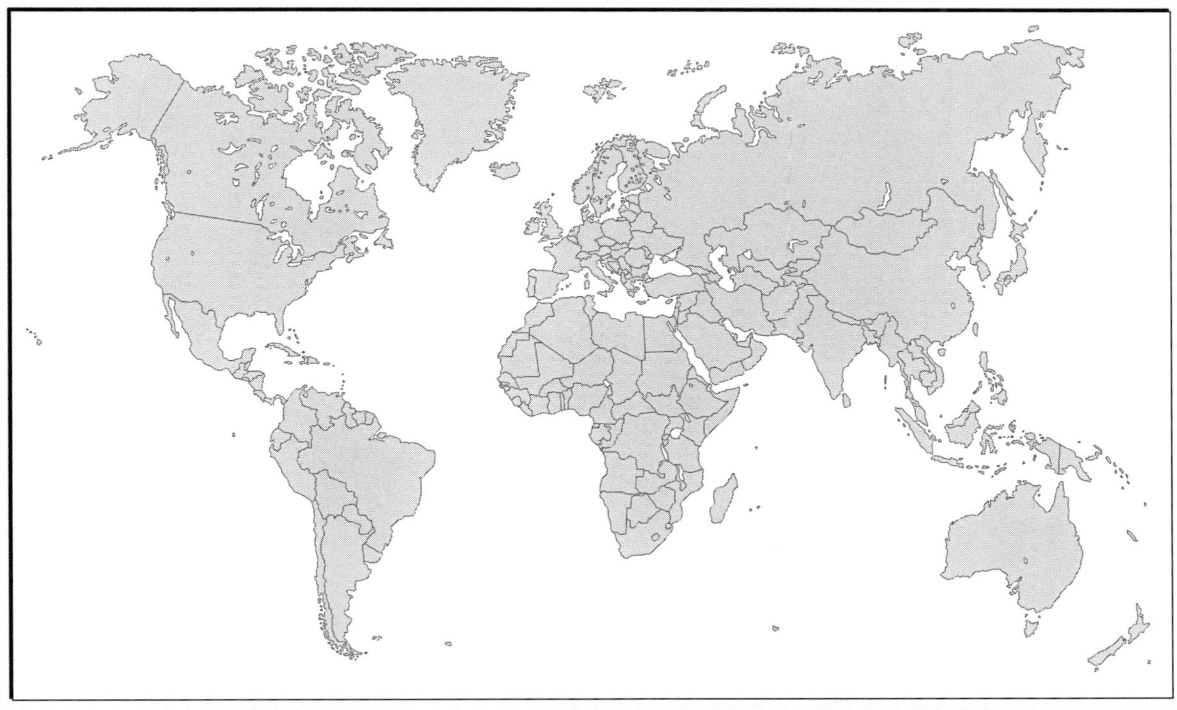

KOHL VERLAG STATIONENLERNEN ABSOLUTISMUS "Der Staat bin ich ..." / Sekundarstufe – Bestell-Nr. 12 098

Absolutismus – was bleibt?

Absolute Herrscher heute

!

Lösungen

Aufgabe 1: Die Gemeinsamkeiten bestehen darin, dass alle Herrscher einen Königstitel besitzen. Sie vereinen in ihrer Person sowohl exekutive als auch legislative Aufgaben. Oftmals sind sie auch religiöses Oberhaupt der Staatsreligion. Ihr Reichtum und ihr luxuriöses Leben sind weitere Gemeinsamkeiten.

Aufgabe 2:

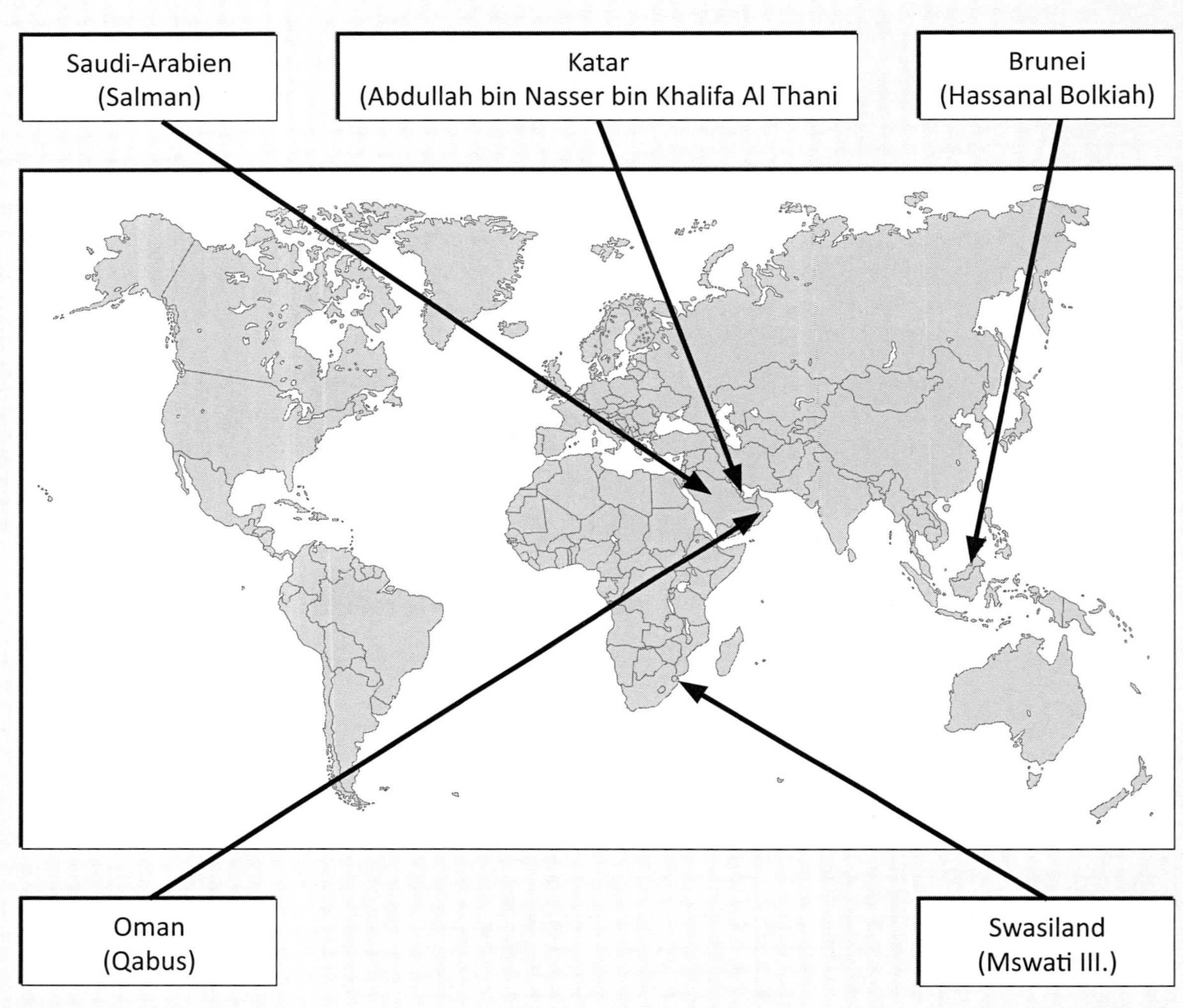

KOHL VERLAG
STATIONENLERNEN ABSOLUTISMUS
"Der Staat bin ich ..." / Sekundarstufe – Bestell-Nr. 12 098